# theo logisch

## Band 5

C.C. Buchner

**theo**logisch 5

Unterrichtswerk für Evangelische Religion an Gymnasien

Herausgegeben von Matthias Lau

Erarbeitet von Lars Bednorz, Friederike Gosdzinski, Marina Parlitz, Barbara Stoll-Großhans,
Jan Thiede und Michael Wallner.
Unter Mitarbeit von Bettina Kratz-Ritter.

1. Auflage, 1. Druck 2017

Dieses Werk folgt der reformierten Rechtschreibung und Zeichensetzung. Ausnahmen bilden Texte, bei denen künstlerische, philologische oder lizenzrechtliche Gründe einer Änderung entgegenstehen.

© 2017 C.C.Buchner Verlag, Bamberg

Das Werk und seine Teile sind urheberrechtlich geschützt. Jede Nutzung in anderen als den gesetzlich zugelassenen Fällen bedarf der vorherigen schriftlichen Einwilligung des Verlags. Das gilt insbesondere auch für Vervielfältigungen, Übersetzungen und Mikroverfilmungen. Hinweis zu § 52a UrhG: Weder das Werk noch seine Teile dürfen ohne eine solche Einwilligung eingescannt und in ein Netzwerk eingestellt werden. Dies gilt auch für Intranets von Schulen und sonstigen Bildungseinrichtungen.

Lektorat: Jutta Schweigert
Layout und Satz: HOCHVIER GmbH & Co. KG, Bamberg
Umschlagmotiv: Annett Tropschug
Druck: creo Druck und Medienservice GmbH, Bamberg

www.ccbuchner.de

ISBN 978-3-661-79005-3

Liebe Schülerin, lieber Schüler,

so viel Neues! Du bist an eine neue Schule gekommen, die meisten oder sogar alle Mitschülerinnen und Mitschüler sind neu, du hast viele neue Fächer und viele neue Lehrerinnen und Lehrer, für jedes Fach eine andere/einen anderen: Das ist schon eine ganze Menge Neues auf einmal.

Und jetzt auch noch ein neues Religionsbuch: **theo**logisch. Was soll denn das bedeuten? „Logisch" kennst du schon, wenigstens das ist nicht neu. „Logisch", sagst du, wenn etwas völlig klar und selbstverständlich ist oder wenn du durch eigenes Nachdenken „logische" Schlüsse ziehst. Dahinter steht das griechische Wort „logos". Für die griechischen Denker war logisches Denken und Gott kein Widerspruch. Gott – griechisch „theos" – galt für sie geradezu als Zentrum des „logos". **theo**logisch passt also gut zusammen – darum heißt dein neues Religionsbuch so: es soll dir helfen, deine eigenen Gedanken mit Gott in Verbindung zu bringen. Vielleicht ist das auch neu für dich, aber wir können dir versprechen: Es ist ziemlich spannend!

Dieses Buch hat fünf Kapitel.
In **„Ich und die anderen"** geht es um all das Neue, das wir schon erwähnt haben. Du wirst deine neue Umgebung und eine neue Klasse besser kennenlernen und du kannst entdecken, wie biblische Geschichten dir dabei helfen können.
Um **„Die Bibel und ihre Geschichten"** geht es im zweiten Kapitel. Viele dieser Geschichten kennst du schon aus der Grundschule. Jetzt wirst du lernen, wie die Bibel entstanden ist, wie du dich in ihr selbständig zurechtfinden kannst und warum so viele Menschen dieses uralte Buch immer noch aktuell und aufregend finden. Einer der Gründe ist, dass die Bibel **„Lebenswege mit Gott"** beschreibt – so heißt das dritte Kapitel. Einige dieser Lebenswege wirst du kennenlernen und darüber nachdenken, was das im Blick auf dein eigenes Leben bedeuten könnte.
Du selbst bist wie alle Menschen **„Von Gott erschaffen"** – so sagt es die christliche Tradition und darum geht es im vierten Kapitel. Und du weißt ja jetzt schon: theologisch heißt, logisches Denken mit Gott und Glauben unter einen Hut zu kriegen. In diesem Kapitel bedeutet das, den biblischen Glauben an Gott als Schöpfer zusammenzudenken mit dem, was du aus anderen Quellen schon über die Entstehung der Welt und des Menschen weißt.
Im letzten Kapitel gehst du auf Spurensuche: **„Spuren des Glaubens"** sind das Thema. Dabei geht es um ganz handfeste Dinge wie Kirchengebäude, aber auch um eher geheimnisvolle Zeichen und Symbole, die man nicht auf Anhieb erkennt und die man unterschiedlich deuten kann.
In dem **Methoden**-Teil lernst du typische Methoden des Religionsunterrichts, die du bei der Arbeit mit **theo**logisch immer wieder ausprobieren sollst.
Im **Lexikon** kannst du wichtige Namen und Begriffe, die im Buch vorkommen, nachschlagen.

Bist du „neu-gierig" geworden? Das ist gut. Denn wenn du „gierig" auf „Neues" bist, dann wirst du viel lernen. Das wird nicht immer mühelos gehen, aber wir sind sicher: Es wird dein Leben bereichern.

Dein **theo**logisch -Team:
Lars Bednorz, Friederike Gosdzinski, Matthias Lau, Marina Parlitz, Barbara Stoll-Großhans, Jan Thiede, Michael Wallner

# Inhalt

**1 Ich und die anderen** .................................................................. 6

    Veränderungen erleben ............................................................ 8
    Jeder ist anders ...................................................................... 10
    Aufgehoben in der Liebe Gottes ............................................. 12
    Weisungen – Wegweiser I ....................................................... 14
    Weisung – Wegweiser II .......................................................... 16
    Segen sein und gesegnet werden ........................................... 18
    Streit – und dann? .................................................................. 20
    Miteinander ............................................................................. 22

**2 Die Bibel und ihre Geschichten** ............................................ 24

    Die Bibel – eine Bibliothek mit 66 Büchern ............................. 26
    Warum lesen Menschen die Bibel? ......................................... 28
    Wahre Erzählungen ................................................................ 30
    Die Bibel hat Geschichte ......................................................... 32
    Gotteswort – Liebeswort ......................................................... 34
    Die Bibel in der Werbung und in der Sprache ......................... 36
    Bibelverse begleiten Menschen .............................................. 38
    Geschwister ............................................................................. 40
    Die Bibel – nur ein Buch? ....................................................... 42

**3 Lebenswege mit Gott** ............................................................ 44

    Wege ........................................................................................ 46
    Wie Menschen sich Gott vorstellen ........................................ 48
    Mit Gott unterwegs in hellen und dunklen Zeiten ................. 50
    Singen auf dem Weg ............................................................... 52
    David – ein König auf Gottes Wegen oder auf Abwegen? Die Vorgeschichte ........ 54
    David wird entdeckt – sein Weg an den Königshof ................ 56
    David und Goliath – Mutgeschichten ..................................... 58
    Davids steile Karriere ............................................................. 60
    Der König auf Abwegen .......................................................... 62
    Wie es weiterging ... ............................................................... 64
    Mein Weg mit Gott .................................................................. 66

**4 Von Gott erschaffen** .............................................................. 68

    Ich empfange mein Leben ...................................................... 70
    Schöpfung als Gabe und Aufgabe .......................................... 72

| | | |
|---|---|---|
| | Ich glaube … – Glaube ich? | 74 |
| | Wie ist das mit dem Glauben? | 76 |
| | Warum? Menschen fragen im Leid nach Gott | 78 |
| | Kann ich mich auf Gott verlassen? | 80 |
| | Schöpfung und Weltentstehung | 82 |
| | Schöpfung in der Bibel | 84 |
| | Gott – Schöpfer – Geschöpf | 86 |
| | Wert des Lebens | 88 |
| | Ich – ein Geschöpf Gottes? Und dann? | 90 |

## 5 Spuren des Glaubens … 92

| | |
|---|---|
| Orte formen Denken | 94 |
| Denken formt Orte | 96 |
| Gelebte Kirche | 98 |
| Was mir heilig ist: Glaube formt (Sprach-)Bilder | 100 |
| Was mir heilig ist: (Sprach-)Bilder formen Glauben | 102 |
| Sprachbilder | 104 |
| Im Zusammenhang | 106 |

## Methoden … 108

| | | |
|---|---|---|
| M 1 | Ein Bild deuten | 108 |
| M 2 | Eine Mindmap anlegen | 109 |
| M 3 | Ein Plakat/Poster gestalten | 110 |
| M 4 | Einen Psalmweg gestalten | 111 |
| M 5 | Ein Standbild bauen | 111 |

| | |
|---|---|
| Lexikon | 112 |
| Textnachweis | 118 |
| Bildnachweis | 120 |

### Symbole, Piktogramme, farbige Hinterlegungen und Hinweisformeln

🚩 M  Der Wegweiser zeigt, dass du beim Lösen der Aufgabe eine Methode anwenden sollst, die im Methodenteil erklärt ist.

Um die Aufgabe zu lösen, musst du in der Bibel nachlesen.

 2  Dieser Pfeil mit einer Nummer nach einer Aufgabe sagt dir, auf welches Material sich die Aufgabe bezieht.

*plus*  Ein *plus* vor einer Aufgabe zeigt dir, dass diese Aufgabe zusätzlich zu den übrigen Aufgaben bearbeitet werden kann. Beim Bearbeiten dieser Aufgabe kannst du besondere Fähigkeiten unter Beweis stellen.

  Farbig hinterlegt sind die Zur-Sache-Texte, also die Texte, die dir Informationen vermitteln, die du lernen sollst.

# Ich und die anderen

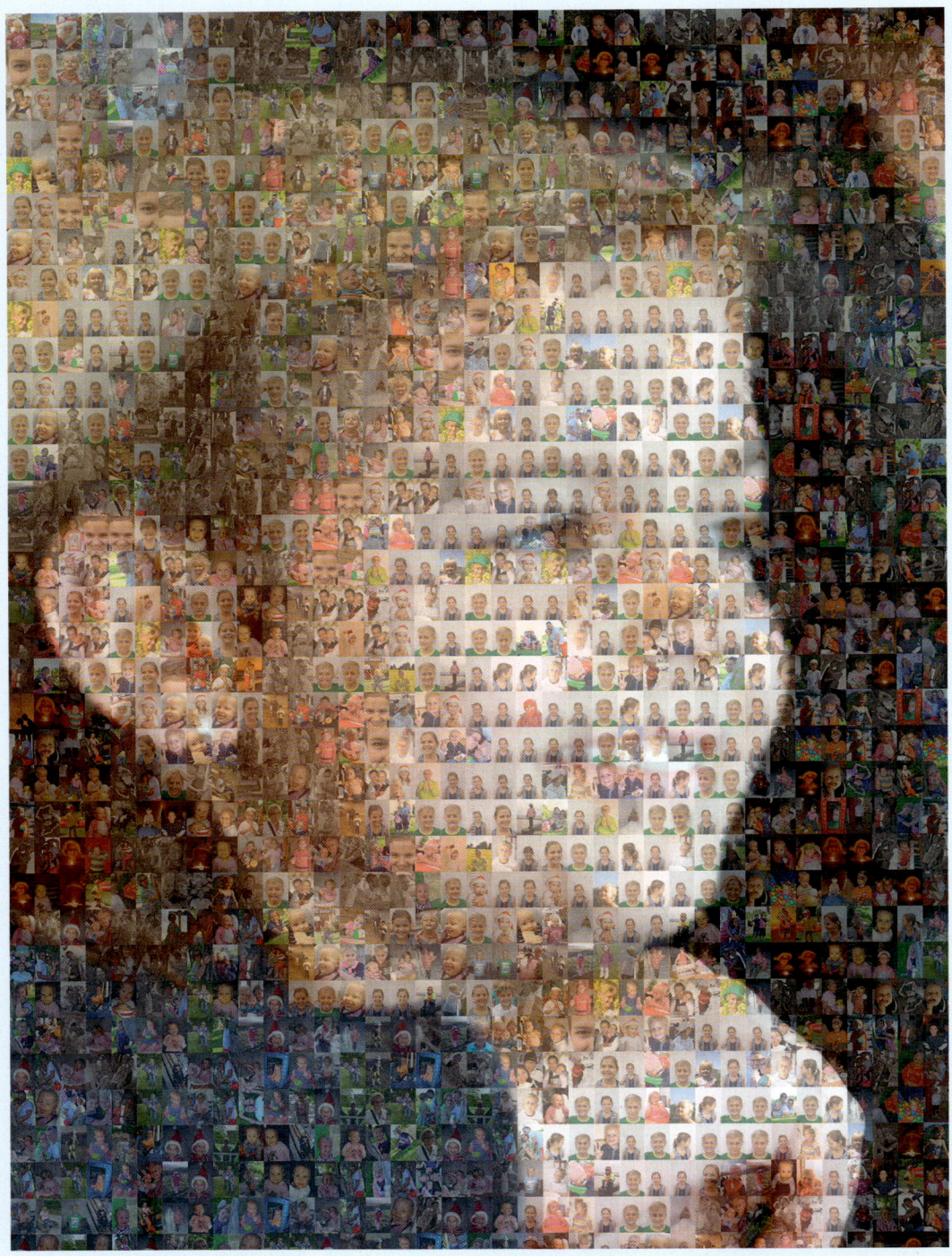

# Ein neuer Schritt

**Lars:** Manchmal frage ich mich wirklich, wer ich eigentlich bin und ob ich immer so sein kann, wie ich das möchte. Vielleicht sind es auch meine Eltern, Mitschülerinnen oder Freunde, die mich wie ein Puzzle zusammensetzen?

**Katharina:** Was wird sich wohl alles für mich ändern? Welche Lehrer bekomme ich? Wo ist mein Klassenraum?

**Martin:** Ich freue mich schon auf die neue Schule, da viele meiner Freunde auch dorthin gehen.

**Alexander:** Mein Opa hat mir mal gesagt: „Liebe den Nächsten wie dich selbst." Wie soll das denn gehen?

**Peter:** Ich muss auch fest an mich selbst glauben. Wenn ich das aber einmal nicht schaffe, dann beschützt mich meine Familie.

**Hakan:** Meine Oma hat mich gestern gefragt, ob ich mich auf morgen freue. Ich habe ihr erzählt, dass ich schon ganz aufgeregt bin, weil ich morgen meinen ersten Tag an der neuen Schule verbringen werde!

**Marina:** Wenn ich das Gefühl habe, allein zu sein, dann bete ich oft und bitte darum, dass ich ganz viel Kraft bekomme.

1 Beschreibe das Bild und setze es in Beziehung zu der Kapitelüberschrift „Ich und die anderen".
2 Entwirf einen eigenen kleinen Text für deine persönliche Sprechblase.
3 Erkläre, warum Menschen Schutz brauchen, wenn sie neue Wege gehen.

## ICH UND DIE ANDEREN

# Veränderungen erleben

### 1  ICH über MICH

Endlich Wochenende, wobei ich eigentlich viel lieber in der Schule wäre. Ich bin übrigens Mike und seit vorgestern auf einer neuen Schule.
5 Im Gottesdienst haben Kinder der sechsten Klasse ein Theaterstück aufgeführt. Erst stand ein Mädchen mit einem weißen Kleid vor einem weißen Vorhang und ich habe sie
10 fast gar nicht gesehen. Dann wechselte die Farbe des Vorhangs auf einmal auf Rot. Das Mädchen holte sich schnell einen roten Mantel und war wieder kaum zu sehen. Kaum
15 stand sie wieder fast unsichtbar dort, als der rote gegen einen blauen Vorhang getauscht wurde. Ich dachte nur: Jetzt nimmt sie sich bestimmt einen blauen Mantel. Aber nein, sie holte sich einen ganz bunten Mantel und
20 sagte laut: „Ich möchte mich nicht immer anpassen, sondern so sein, wie ich wirklich bin."
Wie wird es denn nun bei mir an der neuen Schule sein? Viele meiner Freunde sind auf einer anderen Schule und ich kenne kaum jemanden. Werde ich schnell neue Freunde finden? Werde ich die Räu- 25 me an der neuen Schule schnell finden, verlaufe ich mich vielleicht sogar? Und am Mittwoch habe ich jetzt acht Schulstunden. Das hatte ich noch nie. Hoffentlich halte ich das durch. Kann ich hier in der neuen Schule denn so sein, wie ich bin? Oder 30 muss ich mich so anpassen, dass ich nicht auffalle? Jetzt habe ich aber viel nachgedacht. Ich muss erst einmal eine Runde spielen.

### 2  Neubeginn

Jeder neue Tag
ist einzigartig.
Jeder neue Tag
ist eine neue Chance.
5 Jeder neue Tag
will uns sagen:
Es geht weiter!

*Auf einer Postkarte*

### 3  Wie ich bin

Ich darf doch so sein,
wie ich bin,
weil Gott mich so geschaffen hat
und mich liebt,
wie ich bin. 5

## 4 Brief an meinen Freund aus der Grundschule

Lieber Matthis,

morgen ist es also so weit. Ich habe meinen ersten Tag an der neuen Schule. Zuerst werde ich mit meinen Eltern zum Einführungsgottesdienst gehen. Danach geht es zur Begrüßungsfeier. Das wird dann echt mein erster Schultag am Gymnasium. Das hört sich richtig komisch an.
Morgen begleiten mich ja erst mal meine Eltern. Wir sind den Weg auch schon einmal gegangen als Übung. Da habe ich ein Schild gesehen, das mir noch nie aufgefallen ist. Es ist ein rotes Dreieck mit Schülern drauf und darunter steht groß: „Schulbeginn". Kennst du so eins? Ab Montag muss ich den Weg ganz allein gehen, aber es wird schon. Vielleicht holen mich meine Eltern ja an den ersten Tagen noch ab. Ich bin schon sehr gespannt auf die vielen neuen Mitschüler und auch darauf, welchen Lehrer wir bekommen.
Die Schule ist übrigens auch viel größer als die Grundschule, an der wir noch zusammen in eine Klasse gegangen sind. Es ist aber auch schade, dass ihr umgezogen seid. Schreib mir doch mal, wie dein erster Schultag war.

Ich melde mich auch wieder bei dir.

Liebe Grüße
Dein Tim

## 5 Schulwechsel

1. Vergleiche Mikes Text mit deinen eigenen Gedanken, die du bei deinem Schulwechsel hattest. > **1**
2. Beschreibe das Bild mit den Fischen und erkläre, warum es gerade hier abgedruckt ist.
3. Würdest du eine Postkarte mit Text **2** verschicken? Lege dar, warum (nicht). > **2**
4. Zeige auf, wie sich dein Schulweg und dein Tagesablauf verändert haben, seit du auf der neuen Schule bist. > **3**
5. Stell dir vor, du bist Matthis und erhältst von Tim den Brief. Schreibe ihm einen Antwortbrief. > **4**
6. Gestalte selbst ein Wortbild zum Thema „Neu am Gymnasium". > **5**

ICH UND DIE ANDEREN

# Jeder ist anders

### 1 Erste Begegnung

Ich sah ein paar Scherben, die vor den großen Altglascontainern verstreut lagen, und eine ausgetretene alte Zigarettenkippe. Dann sah ich zwei kleine Füße mit hellen Strümpfen in offenen Sandalen.
5 Ich hob den Kopf. Der Junge, der da vor mir stand, reichte mir gerade so bis an die Brust. Das heißt, sein dunkelblauer Sturzhelm reichte mir bis an die Brust. Es war ein Sturzhelm, wie ihn Motorradfahrer tragen. Ich hatte gar nicht gewusst, dass es die
10 auch für Kinder gibt. Es sah völlig beknackt aus, das Durchguckding vom Helm war hochgeklappt. […] „Was machst du da?", sagte der Junge. Seine Zähne waren riesig. Sie sahen so aus, als könnte er damit ganze Stücke aus großen Tieren rausreißen,
15 einem Pferd oder einer Giraffe oder dergleichen. „Ich suche was." „Wenn du mir sagst, was, kann ich dir helfen." „Eine Nudel." Er guckte sich ein bisschen auf dem Gehsteig um. Als er den Kopf senkte, brach sich spiegelnd und blendend Sonnenlicht
20 auf seinem Helm. An seinem kurzärmeligen Hemd, bemerkte ich, war ein winziges knallrotes Flugzeug befestigt wie eine Brosche. Eine Flügelspitze war abgebrochen. Zuletzt guckte der kleine Junge kurz zwischen die Büsche vor dem Zaun vom Spielplatz, eine Idee, auf die ich noch gar nicht gekommen war. 25
„Was für eine Nudel ist es denn?", sagte er. „Auf jeden Fall eine Fundnudel. Eine Rigatoni, aber nur vielleicht. Genau kann man das erst sagen, wenn man sie gefunden hat, sonst wäre es keine Fundnudel, ist doch wohl logisch, oder?" „Hm …" Er legte 30 den Kopf leicht schräg. Der Mund mit den großen Zähnen drin klappte wieder auf. „Kann es sein, dass du ein bisschen doof bist?" Also echt! „Ich bin ein tiefbegabtes Kind." „Tatsache?" Jetzt sah er wirklich interessiert aus. „Ich bin hochbegabt." 35
Nun war ich auch interessiert, obwohl der Junge viel kleiner war als ich, kam er mir plötzlich viel größer vor. Es war ein merkwürdiges Gefühl. Wir guckten uns so lange an, dass ich dachte, wir stehen hier noch, wenn die Sonne untergeht. Ich hatte 40 noch nie ein hochbegabtes Kind gesehen …

Andreas Steinhöfel

## 2 Wen du brauchst

Einen zum Küssen und Augenzubinden,
einen zum lustige-Streiche-erfinden.
Einen zum Regenbogen-suchen-gehn
und einen zum fest-auf-dem-Boden-stehn.
5 Einen zum Brüllen, zum Leisesein einen,
einen zum Lachen und einen zum Weinen.
Auf jeden Fall einen, der dich mag,
heute und morgen und jeden Tag.

*Regina Schwarz*

## 3 Ich

Ich stehe
manchmal
neben mir
und sage
5 freundlich
DU zu mir
und sag
DU bist
ein Exemplar
10 wie keines
jemals
vor dir war
DU bist
der Stern
15 der Sterne
Das hör ich
nämlich gerne

*Jürgen Spohn*

## 4
Alles wäre ohnehin
ganz anders, als es ist,
wäre ich nicht, wie ich bin,
und du nicht, wie du bist.

*Frantz Wittkamp*

---

1 Wie könnte die Geschichte S. 10 weitergehen? Entwirf eine Fortsetzung. > 1

2 „Jeder ist anders – das ist manchmal schwierig."
„Jeder ist anders – das ist gut."
„Jeder ist anders – das kann zu Streit führen."
Beurteile diese drei Aussagen.

3 Arbeite aus den Texten dieser Seite Schlüsselwörter heraus, die das Verhältnis von Ich und Du besonders gut hervorheben. > 2, 3, 4

4 Arbeite für dich den Sinn des Gedichts „Wen du brauchst" heraus und gestalte ein Bild dazu. > 2

5 Entwirf ein Gespräch zwischen der Katze vor und dem Löwen im Spiegel.

*plus* 6 Ordne dem Bild S. 10 einen oder mehrere Sätze aus den Texten dieser Doppelseite zu. Begründe deine Wahl.

ICH UND DIE ANDEREN

# Aufgehoben in der Liebe Gottes

Mosaik über dem Südwestportal der Immanuelskirche in Kopenhagen (Dänemark).
Du findest das Gleichnis „Vom verlorenen Sohn" im Neuen Testament: Lukas 15,11-32.

## ZUR SACHE

### 1 Gleichnis

Gleichnisse sind eine Erzählform, in der Jesus seine Botschaft vermittelt. Damit will er den Menschen die Liebe Gottes nahebringen. Hierfür wählt er eine einfache Sprache, die mit Bildern arbeitet. Diese Bilder erzählen nicht einfach nur eine Geschichte, sondern wollen Gottes Liebe erfahrbar machen und zeigen, wie Menschen als Folge dieser Liebe miteinander umgehen sollen.
Somit benutzt Jesus Beispiele aus dem alltäglichen Leben, um auf das „Reich Gottes" (➤ S. 18, 2 ) zu verweisen.

## 2 Ein Freund für Zachäus

In Jericho wohnt ein reicher Oberzöllner mit Namen Zachäus. Bei ihm müssen die Leute Zoll und Steuern zahlen. Oft verlangt er aber zu viel von ihnen. Deshalb ist er zwar sehr reich geworden, aber die Leute mögen ihn nicht, und er hat auch keinen richtigen Freund.

Zachäus hört eines Tages, dass Jesus nach Jericho kommt. Er möchte ihn unbedingt sehen, und weil er sehr klein ist und die Leute ihm absichtlich die Sicht versperren, läuft er der Menge voraus und steigt auf einen Maulbeerfeigenbaum. „Von dort oben", so überlegt er, „kann ich diesen Jesus viel besser sehen, wenn er hier vorbeikommt."

Und wirklich – Jesus kommt, bleibt unter dem Baum stehen, schaut hinauf und ruft: „Zachäus, komm schnell herunter! Ich will dich heute besuchen." Im Nu klettert Zachäus vom Baum herunter und nimmt Jesus voll Freude in seinem Haus auf.

Nicht wenige Bewohner von Jericho ärgern sich: „Zu diesem Gauner geht er und nicht zu uns anständigen Leuten."

Zachäus ist überaus glücklich, dass Jesus wie ein Freund bei ihm eingekehrt ist. Er gibt seinem Herzen einen Ruck und gesteht: „Ich habe den Leuten oft zu viel Geld abgenommen." Und dann fügt er an, wie er das Unrecht wieder gut machen will: „Viermal so viel will ich den Geschädigten zurückgeben, und die Hälfte meines Reichtums werde ich den Armen schenken."

Jesus freut sich […]. „Das machst du gut", lobt er ihn, „heute bist du mein und Gottes Freund geworden. Ich habe dich gesucht und bin zu dir gekommen, um dein Leben heil und glücklich zu machen. Auch du gehörst zu den Söhnen Abrahams und zum Volk Israel."

*Die Chagall-Bibel für Kinder*

1  a) Fasse das Gleichnis „Vom verlorenen Sohn", wie es im Lukasevangelium (Lk 15,11-32; ➤ S. 41) erzählt wird, mit eigenen Worten zusammen.
   b) Vergleiche es mit dem Bild.
   c) Gestalte es als Comic.
   d) Erkläre, warum es sich bei der Erzählung um ein Gleichnis handelt.

2  Erzähle die Geschichte von Zachäus aus verschiedenen Perspektiven nach:
   a) aus der Perspektive des Zachäus
   b) aus Jesu Perspektive
   c) aus der Perspektive der Leute
   Arbeite dabei vor allem die Gedanken und Gefühle der Personen heraus. ➤ 2

## ICH UND DIE ANDEREN

# Weisungen – Wegweiser I

### 1 Mit freundlichen Grüßen

Der berühmte Clown Grock erhält eines Tages einen Brief, der voll ist von falschen Behauptungen und schlimmen Beschuldigungen. Seine Freunde raten ihm, den Absender des Briefes zu verklagen. Auch ein Clown könne ja nicht immer nur lustig sein. Aber Grock winkt ab.

„Ich möchte das anders regeln", sagt der Clown. Er schickt den Brief zurück an den Absender und schreibt dazu: „Diesen unverschämten Brief habe ich bekommen. Ich schicke ihn nun an Sie, damit Sie wissen, dass irgendjemand in Ihrem Namen beleidigende Briefe verschickt. Mit freundlichen Grüßen, Ihr Clown Grock."

*Günther Jakobs*

### 2 Gott begleitet uns

Ein Fernsehmoderator macht sich auf eine ganz besondere Reise. Es soll kein Luxusurlaub sein, kein Aufenthalt im Süden, um dort in der Sonne zu liegen und zu entspannen. Hape Kerkeling will zu Fuß fast 800 Kilometer gehen. Er pilgert und macht dabei eine Erfahrung mit Gott:

Der Schöpfer wirft uns in die Luft, um uns am Ende überraschenderweise wieder aufzufangen. Es ist wie in dem ausgelassenen Spiel, das Eltern mit ihren Kindern spielen. Und die Botschaft lautet: Hab Vertrauen in den, der dich wirft, denn er liebt dich und wird vollkommen unerwartet auch der Fänger sein. Und wenn ich es Revue passieren lasse, hat Gott mich auf dem Weg andauernd in die Luft geworfen und wieder aufgefangen. Wir sind uns jeden Tag begegnet.

*Hape Kerkeling*

## ZUR SACHE

### 3 Pilgern

Beim Pilgern geht man einen Weg, um besondere Glaubenserfahrungen zu machen. Es ist ein Weg, der dazu einlädt, über sich und über Gott nachzudenken. So ist es auch zu erklären, warum es fast in allen Religionen Pilgerwege gibt.

## 4 Die Zehn Gebote

Die Auflistung der Zehn Gebote wird in 2. Mose 20,2 folgendermaßen eingeleitet:
Ich bin der HERR, dein Gott, der ich dich aus Ägyptenland, aus der Knechtschaft, geführt habe.
Bei der Zählung der Gebote gibt es im Judentum und in den christlichen Kirchen unterschiedliche Traditionen.
Die hier wiedergegebene Fassung folgt der evangelisch-lutherischen und römisch-katholischen Tradition.

Das erste Gebot
Ich bin der HERR, dein Gott. Du sollst keine anderen Götter haben neben mir.

Das zweite Gebot
Du sollst den Namen des HERRN, deines Gottes, nicht missbrauchen.

Das dritte Gebot
Du sollst den Feiertag heiligen.

Das vierte Gebot
Du sollst deinen Vater und deine Mutter ehren.

Das fünfte Gebot
Du sollst nicht töten.

Das sechste Gebot
Du sollst nicht ehebrechen.

Das siebte Gebot
Du sollst nicht stehlen.

Das achte Gebot
Du sollst nicht falsch Zeugnis reden wider deinen Nächsten.

Das neunte Gebot
Du sollst nicht begehren deines Nächsten Haus.

Das zehnte Gebot
Du sollst nicht begehren deines Nächsten Weib, Knecht, Magd, Vieh noch alles, was dein Nächster hat.

## 5 Die Zehn Gebote als Maßnahme Gottes zum Besten des Menschen

Der Theologe Hans-Hermann Pompe schreibt über die Zehn Gebote:

Gottes Gebote sind keine Forderungen, sondern Maßstäbe für gelingendes Leben. Sie sind ein Geschenk der Güte und Menschenfreundlichkeit Gottes.

---

1 Erkläre, welche Funktion Leitplanken und Verkehrszeichen im Straßenverkehr haben und was sie mit den Zehn Geboten gemeinsam haben. > 4

2 a) Erkläre den „Trick", den der Clown anwendet. > 1
   b) Äußere deine Meinung zur Reaktion des Clowns. > 1

3 a) Fasse Hape Kerkelings Aussagen zusammen. > 2
   b) Nenne Situationen, in denen du dich von Gott begleitet gefühlt hast – oder solche, in denen du dich allein gefühlt und eine liebende Begleitung vermisst hast. > 2

plus 4 Nenne einen Pilgerweg, der durch Deutschland führt; recherchiere im Internet oder frage in einem Fremdenverkehrsbüro nach einem Bild von ihm. > 3

5 Lernt die Zehn Gebote auswendig und sagt sie euch gegenseitig auf. > 4

plus 6 Erkläre, warum es für das Verständnis der Zehn Gebote so wichtig ist, dass man den Einleitungssatz, in dem von einer Befreiung durch Gott gesprochen wird, mitliest. > 4, 5

7 Erläutere, was über Gott im ersten Gebot ausgesagt wird. > 4

8 a) Erkläre den Unterschied zwischen „Forderungen" und „Maßstäbe(n) für ein gelingendes Leben". Veranschauliche diesen Unterschied an einem der Zehn Gebote. > 5
   b) Nenne Situationen aus deinem Alltag, in denen Gebote oder Verbote denjenigen beschützen, an den sie gerichtet sind. > 5

# Weisung – Wegweiser II

Br. Thomas Hessler OSB.

### 2 Wenn ich mich selbst nicht …

Wenn ich mich selbst
nicht ausstehen kann,
kann ich andere nicht ertragen.

Wenn ich mich selbst
5 nicht akzeptieren kann,
kann ich andere nicht annehmen.

Wenn ich zu mir selbst
nicht „ja" sagen kann,
kann ich andere nicht bejahen.

10 Wenn ich mich selbst
nicht leiden kann,
kann ich andere nicht mögen.

Wenn ich mich selbst
nicht lieben kann,
15 kann ich mich anderen
nicht liebevoll zuwenden.
Herr,
ich kann meinen Nächsten nicht lieben
wie mich selbst,
20 wenn ich mich selbst nicht …

*Petrus Ceelen / Carlo Caretto*

### 1 Das Doppelgebot der Liebe

Jesus aber sprach zu ihm [einem Schriftgelehrten]:

„Du sollst den Herrn, deinen Gott, lieben von ganzem Herzen, von ganzer Seele und von ganzem Gemüt". Dies ist das höchste und erste Gebot. Das andere aber ist dem gleich: „Du sollst deinen Nächsten lieben wie dich selbst". In diesen beiden Geboten hängt das ganze Gesetz und die Propheten.

*Matthäus 22,37-40*

### 3 Mit dem Herzen sehen

Vielleicht hast du es ja auch schon einmal gehört, dass man mit dem Herzen sehen soll. Aber was soll das heißen? Wie soll das gehen? Eigentlich sehe ich doch mit meinen Augen. Was hat mein Herz damit zu tun?

## 4 Weisung für mein Leben

Margot Käßmann schreibt in einem Buch: „Gott liebt die Menschen. Und zwar nicht, weil sie sind, wie sie sind, sondern *obwohl* sie sind, wie sie sind."

Aus dieser Liebe Gottes leitet sie ab, wie wir Menschen miteinander umgehen sollen: „Aber ich will so durchs Leben gehen, dass ich anderen achtsam begegne. Schauen, was ich beitragen kann zu ihrer Fülle des Lebens."

**Dreieck der Liebe**
- Gott lieben
- den Nächsten lieben
- sich selbst lieben

**Liebe Gottes**

## 5 Hilfsbereitschaft

Ein Bauer brachte mit seinem Esel einen schweren Sack mit Korn zum Müller. Unterwegs rutschte der Sack vom Rücken des Esels und lag nun auf dem Weg. So sehr der Bauer sich auch bemühte, den Sack anzuheben, es gelang ihm nicht. Der Sack war für einen Mann alleine viel zu schwer. So blieb ihm nichts anderes übrig, als zu warten, dass jemand vorbei käme, der ihm helfen könne.

Nach gar nicht langer Zeit hörte er einen Reiter näher kommen. Doch am liebsten hätte sich der Bauer in ein Mauseloch verkrochen, als er erkannte, dass der Reiter der Graf aus dem naheliegenden Schloss höchstpersönlich war. Viel lieber hätte er natürlich einen anderen Bauern oder Handwerksburschen um Hilfe gebeten. Es schien ihm ganz unmöglich, einen so hochgestellten Herrn um Hilfe zu fragen. Der Graf kam herangeritten, erkannte das Problem, stieg vom Pferd und sagte: „Wie ich sehe, hast du ein bisschen Pech gehabt, mein Freund. Da bin ich ja gerade rechtzeitig gekommen, um dir behilflich zu sein." Sprachs und fasste den Sack an einem Ende. Der Bauer nahm das andere Ende und gemeinsam hoben sie den Getreidesack auf den Rücken des Esels. Immer noch fassungslos stammelte der Bauer: „Mein Herr, wie kann ich Ihnen das vergelten?" „Nichts leichter als das", sagte der Edelmann. „Wann immer Du einen Menschen in Schwierigkeiten siehst, dann tue das Gleiche für ihn".

*Internet. Autor unbekannt*

---

1. Beschreibe das Bild S. 16 und gib ihm einen Titel.
2. a) Lernt das Doppelgebot der Liebe auswendig und sagt es euch gegenseitig auf. **> 1**
   b) Formuliere das Doppelgebot der Liebe mit eigenen Worten. **> 1**
   c) „Das Doppelgebot der Liebe kann ein Wegweiser für ein gutes Leben sein."
      „Das Doppelgebot der Liebe kann kein Wegweiser für ein gutes Leben sein."
      Entscheide dich für eine Position und nenne Beispiele dazu. **> 1**
3. Vergleiche das Doppelgebot der Liebe mit den Zehn Geboten (> S. 15, **4** ). **> 1**
4. Schildere Situationen, die veranschaulichen, was in dem Gebet **2** steht – oder die dem widersprechen. **> 2**
5. Ist es deiner Meinung nach richtig, dass man mit dem Herzen sehen kann? Begründe deine Meinung. **> 3**
6. a) „Aber ich will so durchs Leben gehen, dass ich anderen achtsam begegne." Erläutere mithilfe von Beispielen, was es für dich heißt, anderen achtsam zu begegnen. **> 4**
   b) Stelle einen Zusammenhang zwischen der Grafik unter dem Text **4** und dem Text her.
7. Erkläre, warum der Bauer so fassungslos reagiert. Gestalte dazu eine Gedankenblase. **> 5**

ICH UND DIE ANDEREN

# Segen sein und gesegnet werden

### 1 Im Reich Gottes sind die Kinder wichtig

Zur Zeit Jesu spielen Kinder keine große Rolle. Sie sind einfach da, man nimmt ihre Mithilfe in Anspruch, vor allem für
5 niedrige Dienste; man schickt sie weg, wenn sie stören; sie müssen den Eltern aufs Wort gehorchen. Arme Kinder werden zum Betteln geschickt und
10 manche Eltern verkaufen sie sogar in die Sklaverei, um ihre Schulden bezahlen zu können. Für Jesus aber sind die Kinder sehr wichtig. Eines Tages brin-
15 gen Frauen ihre Kleinen zu ihm und wollen, dass er sie in seine Arme schließt. Die Jünger sind darüber sehr ungehalten und fahren sie schroff an: „Kinder-
20 geschrei – das hat gerade noch gefehlt. Verschwindet schleunigst! Jesus und wir alle brauchen jetzt Ruhe." Wie Jesus das hört, wird er sehr zornig
25 über seine Jünger. „Lasst doch die Kinder zu mir kommen", herrscht er sie an, „schickt sie nicht weg! Ich mag Kinder so, wie sie nun einmal sind. Menschen wie ihnen gehört das Reich Gottes. Merkt euch das:
30 Wer sich der Liebe Gottes, dem Reich Gottes nicht öffnet wie ein Kind, dem bleibt es verschlossen." Mit diesen Worten lässt Jesus seine Jünger verblüfft stehen, geht auf die Kinder zu, spricht und lacht mit ihnen, umarmt jedes und legt zum Abschied
35 jedem einzelnen Kind segnend die Hände auf den Kopf.

*Die Chagall-Bibel für Kinder*

### ZUR SACHE

### 2 Reich Gottes

Es geht um den Bereich Gottes, von dem Jesus spricht, wenn er den Menschen die Liebe und Zuwendung Gottes vermitteln will. In der Beziehung zu Gott gestaltet der Mensch die Welt zum Guten mit und er kann darauf vertrauen, dass Gottes guter Geist ihn immer umfangen wird – hier und jetzt und über den Tod hinaus. Näheres dazu lernst du im nächsten Schuljahr.

### 3 Segnen heißt …

Segnen heißt Wachstum wünschen, gedeihen. Wer segnet, hilft, dass etwas wächst, gedeiht und reift, ob es der Regen ist, der segnet, oder ein alter Mensch, der Abschied nimmt. Segnen heißt, einer verborgenen Kraft vertrauen, die in großer Stille in unserem Leben am Werk ist, und sie weitergeben. Wer segnet, zaubert nicht. Er weiß, dass das Wachstum und die Reifung langsam vor sich gehen und dass sie, wie das Leben überhaupt, keine Sprünge machen. Segnen heißt, den Tag ernst nehmen, jedem Schritt Bedeutung geben und die Kraft in Anspruch nehmen, die Gott für den Tag und für jeden Schritt geben will.

*Jörg Zink*

**ZUR SACHE**

### 5 Segen

Der Segen ist ein feierlicher Zuspruch der Zuwendung Gottes, der meistens von einer Geste (Auflegen der Hände) begleitet wird. Er dient der Stärkung und spricht die schützende und bewahrende Kraft Gottes zu.

### 4 Aaronitischer Segen

Der HERR segne dich und behüte dich;
der HERR lasse sein Angesicht leuchten
über dir und sei dir gnädig;
der HERR hebe sein Angesicht über dich
und gebe dir Frieden.

*4. Mose 6,24-26*

1. Ganz ehrlich: Würdest du dich freuen, wenn dir jemand das Herz, das du auf dem Bild S. 18 siehst, schenken würde? Begründe, warum (nicht). > 1
2. Arbeite heraus, wie Jesus sich den Kindern gegenüber verhält. > 1
3. Fasse zusammen, was du in der Geschichte von Jesus und den Kindern über den Segen erfährst. > 1
4. „Segnen heißt, den Tag ernst nehmen, jedem Schritt Bedeutung geben und die Kraft in Anspruch nehmen, die Gott für den Tag und für jeden Schritt geben will." Erläutere, was das für deinen Alltag (in der Familie, in der Schule, bei deinen Freizeitbeschäftigungen …) bedeutet. > 3
5. Mit dem Aaronitischen Segen wird in vielen christlichen Gemeinden der Gottesdienst beendet. Wie findest du das? Begründe deine Meinung. > 4

# Streit – und dann?

### 1  Was für Esel!

### 2  Beispiele aus der Bibel

Wer Streit anfängt, gleicht dem, der dem Wasser den Damm aufreißt. Lass ab vom Streit, ehe er losbricht!
*Sprüche 17,14*

Unter den Übermütigen ist immer Streit; aber Weisheit ist bei denen, die sich raten lassen.
*Sprüche 13,10*

Es erhob sich auch ein Streit unter ihnen, wer von ihnen als der Größte gelten sollte.
*Lukas 22,24*

Denn wo Neid und Streit ist, da sind Unordnung und lauter böse Dinge.
*Jakobus 3,16*

### 3 Ein Gespräch auf dem Schulhof

Julian: „Nele, warum hast du Felix ein Bein gestellt?"

Nele: „Das geht dich doch nichts an!"

Julian: „Siehst du nicht, dass Felix jetzt weint und es ihm total wehtut?"

Nele: „Na und? Das hat er nun davon."

Julian: „Wovon denn?"

Nele: „Ja, der Blödmann drängelt sich immer vor und hat mich vorhin noch mit dem Ball abgeworfen."

Julian: „Soll ich dir mal ein Bein stellen? Weißt du, wie weh das tut?"

Nele: „Soll es ja auch! Was nervst du denn hier rum?"

Julian: „Soll ich mal Frau Otto sagen, dass du in der letzten Pause Isabells Jacke in die Mülltonne geworfen hast?"

Nele: „Wenn du das machst …"

Julian: „Ja, was passiert denn dann?"

Nele: „Dann sage ich den anderen, dass du in Anna verliebt bist."

Julian dreht sich um und geht weg …

### ZUR SACHE

### 4 Streit

Streiten ist nicht von vornherein schlecht. Um manche Anliegen muss auch gestritten werden, z. B., wenn einem etwas Schlechtes unterstellt oder man für etwas verantwortlich gemacht wird, wofür man gar nichts kann. Jesus hat auch Streitgespräche geführt (z. B. mit Pharisäern). Streit kann aber auch verletzen oder ausufern. Daher ist es nötig, bestimmte Streitregeln einzuhalten.

---

1. Versetze dich in die Lage der Esel (➤ Bild S. 20) hinein und entwirf zu den Bildern zwölf Gedankenblasen. ➤ 1

2. Setzt euch in Partnerarbeit mit den biblischen Texten auseinander, indem ihr ihnen Beispiele für Streit aus eurem Alltag zuordnet. ➤ 2

3. Setze dich mit der Situation auf dem Schulhof sorgfältig auseinander, benenne die Ursachen des Streits und entwickle mindestens eine mögliche Lösung des Konflikts. ➤ 3

4. Formuliere Vorschläge für Streitregeln. ➤ 4

5. Bildet Vierergruppen zu je einer biblischen Erzählung aus Kapitel 1. Arbeitet heraus, welche Haltung im Umgang mit anderen sich jeweils zeigt. Präsentiert eure Ergebnisse der Lerngruppe.

6. Formuliert Vereinbarungen für ein gutes Miteinander in der Klasse. Schreibt sie auf ein Poster und hängt dieses gut sichtbar in eurem Klassenzimmer auf (➤ S. 110, M3).

7. Finde heraus, ob es an deiner Schule ein Streitschlichter-Team gibt. Beschreibe dessen Aufgaben.

plus 8. Überprüfe, ob in den Zehn Geboten (➤ S. 15, 4) Streitregeln enthalten sind.

ICH UND DIE ANDEREN

# Miteinander

1 **Begründen**
Die Schlüsselanhänger, die du auf den Bildern siehst, wurden Schülern im Einschulungsgottesdienst geschenkt.
a) Nenne mögliche Gründe dafür, dass ein Schüler und eine Schülerin den Anhänger an ihr Federmäppchen gehängt haben.
b) Nenne mögliche Gründe dafür, dass alle Anhänger eine andere Farbe haben.
Denke bei der Beantwortung der Fragen an das, was du in diesem Kapitel gelernt hast.

plus 2 **Ein Bild im Zusammenhang interpretieren**
Deute das Bild mit dem Jungen im Zusammenhang mit der Überschrift „Miteinander" und mit dem anderen Bild (➤ S. 108, M1).

3 **Gestalten**
Gestalte zu der Zachäus-Geschichte (➤ S. 13, 2 ) ein Bild für eine Kinderbibel.

4 **Argumentieren**
Bei der Bearbeitung deiner Hausaufgaben zu den Zehn Geboten kommt deine große Schwester in dein Zimmer und sagt: „Die braucht doch heute keiner mehr!" Nimm Stellung zu dieser Aussage.

### 5 Ein Schulprojekt anregen

Sollte es an eurer Schule noch kein Streitschlichter-Team geben, regt eine Gründung an und formuliert seine Aufgaben. Schreibt beispielsweise einen Brief an die Schulleitung.

### 6 Eine Umfrage durchführen

Frage zehn Personen, was ihnen spontan zum Thema „Ich und die anderen" einfällt. Notiere ihre Antworten.

Vergleicht in Vierergruppen die Ergebnisse und gestaltet daraus ein Plakat (➤ S. 110, 🚏 M3).

Überprüft, welche der genannten Themenschwerpunkte auch in diesem Kapitel vorkommen.

# Jetzt kann ich ...

… mich mit anderen darüber austauschen, welche Auswirkungen Veränderungen wie ein Schulwechsel auf mein Leben haben.

… wahrnehmen und in Worte fassen, dass ich im Zusammenhang mit dem Schulwechsel Erwartungen an mich und andere habe.

… die liebende Zuwendung Gottes zum Menschen in biblischen Geschichten erfassen und sie auf mich beziehen.

… die Zehn Gebote und das Doppelgebot der Liebe wiedergeben und als mögliche Wegweiser für ein gutes Leben verstehen.

… aus den Inhalten der biblischen Texte (Das Gleichnis „Vom verlorenen Sohn", Die Geschichte von Zachäus, Die Zehn Gebote, Das Doppelgebot der Liebe, Die Segnung der Kinder) Haltungen im Umgang mit anderen und mit mir selbst ableiten und diese auf die Klassengemeinschaft übertragen.

# Die Bibel und ihre Geschichten

Quint Buchholz (deutscher Buchautor und Illustrator, geb. 1957): Bücherwaage, 1991.

1 Mit dem Bild scheint etwas nicht zu stimmen. Überlege, wie man es betrachten muss, damit es doch „stimmt".
2 „Steht in allen Bibeln dasselbe?" „Steht in allen Bibeln das Gleiche?" Zeige den Unterschied zwischen den beiden Fragen auf.
3 Formuliere eine Frage, die du zum Thema „Bibel" hast.

# DIE BIBEL UND IHRE GESCHICHTEN

# Die Bibel – eine Bibliothek mit 66 Büchern

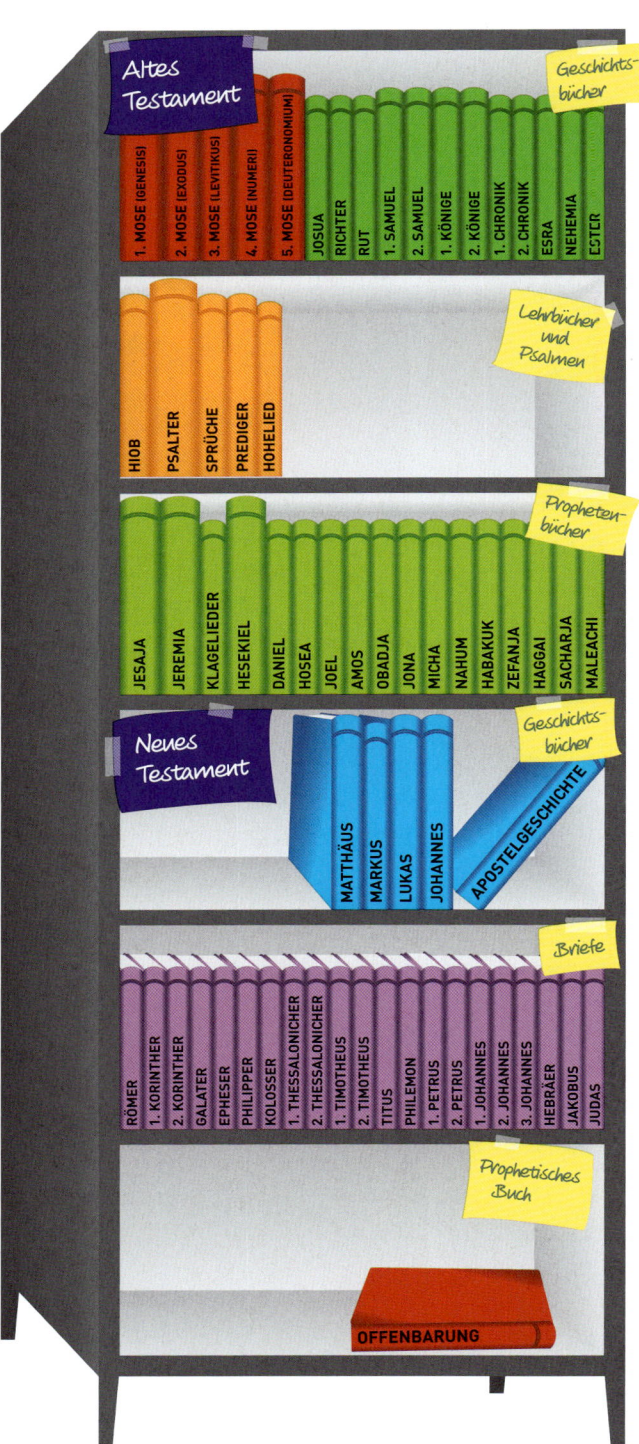

## ZUR SACHE

### 1 Mit der Bibel arbeiten

Im Religionsunterricht arbeitest du immer wieder mit der Bibel – einem ziemlich dicken Buch. Um sich in ihm zurechtzufinden, muss man erst einmal wissen, wie es aufgebaut ist: Eigentlich ist die Bibel nicht *ein* Buch, sondern sie besteht aus **66 Büchern**. Du kannst sie dir also wie ein Bücherregal oder eine Bibliothek vorstellen.

Die wichtigsten Bücher der Bibel solltest du schnell ohne die Hilfe des Inhaltsverzeichnisses finden. Dazu musst du wissen, in welcher Reihenfolge die biblischen Bücher angeordnet sind – und das zeigt dir auch das „Bibel-Regal". So kannst du schnell vor- und zurückblättern. Auf jeden Fall solltest du dir merken:

- Die Bibel beginnt mit den fünf Büchern Mose.
- Ungefähr in der Mitte findest du die Psalmen.
- Das Neue Testament steht etwa im hintersten Viertel.

Die Namen der biblischen Bücher werden oft abgekürzt. Welche Abkürzung für welches Buch steht, findest du in deiner Bibel im **Abkürzungsverzeichnis**.

Ein biblisches Buch ist – ähnlich wie ein Schulbuch – in **Kapitel** unterteilt. Und die Kapitel sind in **Verse** unterteilt. Und manchmal sind die Verse noch einmal in **Teilverse** untergliedert.

Da man die Bibel gewöhnlich nicht von vorne bis hinten „durchliest" (dafür bräuchte man sehr viel Zeit!), sondern sich mit einzelnen Bibelstellen beschäftigt, stellt sich die Frage, wie man eine Bibelstelle angibt bzw. wie man sie findet. „Man gibt einfach die Buchseite an bzw. erkundigt sich nach ihr", könnte man meinen. Damit käme man bei der Bibel aber nicht weiter, da es sehr viele Bibelausgaben gibt: In verschiedenen Bibeln befindet sich ein und dieselbe Bibelstelle (je nach Seiten- und Schriftgröße) auf unterschiedlichen Seiten. Daher gibt man eine Bibelstelle anders, aber immer nach dem gleichen Muster an:

## ZUR SACHE

**Buch** **Kapitel,** **Vers(e)**

z. B.: 2. Mose 20,8-10
lies: zweites Buch Mose, (im) Kapitel zwanzig, (die) Verse acht bis zehn

Dabei musst du gut auf einzelne Zeichen und Buchstaben achten:

**,** Das Komma steht NUR zwischen Kapitel und Vers(en).

**.** Der Punkt zwischen zwei Zahlen bedeutet „und".

Lk 1.2 heißt also: „Lukasevangelium, Kapitel eins und zwei".
Mt 5,7.9 hingegen „Matthäusevangelium, Kapitel fünf, die Verse sieben und neun".

**f** meint, dass der darauffolgende Vers auch noch dazugehört.
2. Mose 14,2-5.13f bedeutet also: „Zweites Buch Mose, Kapitel vierzehn, die Verse 2 bis 5 und der dreizehnte und der darauffolgende (vierzehnte) Vers".

**ff** bedeutet, dass die nachfolgenden Verse auch noch gemeint sind.

---

Seite aus der Lutherbibel 2017, auf der Lukas 2 beginnt. Oben steht zur leichteren Orientierung immer der Name des jeweiligen Buches und die Nummern der Kapitel, von denen etwas auf der Seite steht. Im Text werden die Kapitelnummern zu Anfang eines neuen Kapitels genannt. Die einzelnen Geschichten haben Überschriften. Die kleinen, hochgestellten Zahlen sind die Nummern der Verse. Die kleinen, hochgestellten Buchstaben untergliedern einen Vers. Die Erläuterungen helfen dir, schwierige Stellen besser zu verstehen. Die Hinweise zu einem Vers oder einem Versteil machen dich auf ähnliche oder thematisch passende Bibelstellen aufmerksam.

---

1. Das Bibel-Regal bildet das Ordnungssystem der biblischen Bücher ab und ist als Lernhilfe gedacht. Nenne weitere Möglichkeiten, den Aufbau der Bibel zu veranschaulichen.

2. Nenne die Seiten, auf denen in deiner Bibelausgabe das Inhaltsverzeichnis und das Abkürzungsverzeichnis der biblischen Bücher stehen. > **1**

3. Entschlüssle die folgenden Bibelstellen: 1. Mose 8,1-14; Ps 23,1.3; Lk 8,4ff; Röm 7,11f.14. > **1**

4. Man kann biblische Erzählungen nicht nur vorlesen. Sammle unter der Überschrift „Was man mit biblischen Erzählungen alles tun kann" möglichst viele Verben, die verschiedene Arten der Beschäftigung mit biblischen Texten beschreiben.

## DIE BIBEL UND IHRE GESCHICHTEN

# Warum lesen Menschen die Bibel?

### 1 Suchen und finden

Wir werden in der Bibel immer gerade das finden, was wir darin suchen: Kleines und Menschliches, wenn wir Kleines und Menschliches suchen; Großes und Göttliches, wenn wir Großes und Göttliches suchen; Nichtiges und „Historisches", wenn wir Nichtiges und „Historisches" suchen; Alles, wenn wir Alles suchen – überhaupt nichts, wenn wir überhaupt nichts suchen.

*Karl Barth*

### 2 Die Bibel als Schatz

(Liebe Enkel,)
auch wenn es euch sehr fremd erscheinen mag, möchte ich euch die alte Buchsammlung heiliger Bücher, die wir Bibel nennen, ans Herz legen. Ich bin sicher, dass euch das guttut. Dass ihr im Leben besser zurechtkommt, wenn ihr euch daraus „erbauen" lasst, überraschende Erkenntnisse gewinnt, neue Fragen stellt, eure Zweifel formuliert und eine Sprache für die Hoffnung findet. Es sind immer wieder ganz schlichte Geschichten, die auch euch faszinieren werden. […]

Jedenfalls will ich euch sagen, dass die Geschichte und die Geschichten, die im heiligen Buch der Juden und dem heiligen Buch der Christen als „Bibel" zusammengefasst sind, einen Erfahrungsschatz vermitteln, der Menschen mit sich selbst, mit den anderen und mit dem, was wir „Gott" nennen, verbindet.
Die Bibel ist ein Schatz, der freilich nicht freiliegt, sondern freigelegt werden will. Das macht Mühe und bringt auch Unlust und Unverständnis, Zweifel und Widerspruch hervor. […] Ein einziger Psalm kann euch aus Einsamkeit, Angst und Selbstzweifel zu der Gewissheit führen, dass jeder von euch ganz einmalig, ganz unverwechselbar, ganz unersetzbar, ganz gewollt und ganz geliebt ist und durchs Leben geleitet wird.
(Euer Großvater)

*Friedrich Schorlemmer (Text leicht überarbeitet)*

### 3 Ein Siebtklässler äußert sich zur Bibel

Früher fand ich die Bibel spannend, weil die Geschichten immer so spannend erzählt wurden. Aber jetzt mag ich die Bibel nicht mehr so. Ich denke oft, das kann doch gar nicht sein. Vieles ist unlogisch. Ich interessiere mich für andere Sachen.

*Max, 7. Klasse*

### 4 Biblische Bilder bleiben als Erinnerung

Überhaupt die Texte der Kinderbibeln und die Geschichten aus dem Kindergottesdienst: Sie sind heute noch so stark. […] Es sind Bilder, Bildgeschichten, die plötzlich vor Augen stehen. Die Geschichte vom verlorenen Sohn beispielsweise: Der Vater, der seinem Sohn entgegenläuft mit offenen Armen. Oft sah ich mich als eine der Personen: als eifersüchtiger Bruder, als zerknirschter Rückkehrer, fühlte mich gedrängt, ermutigt, selber auf andere zuzugehen. Na ja, es sind nur Männer, aber eine Geschichte, in der Mädchen und Frauen sich ganz wiederfinden können. Eine Anreizgeschichte für unser Miteinander, eine verlockende Glaubensgeschichte.

Ach, es sind so viele Geschichten, die mir oft einfallen und die mich anstacheln. Die von Goliath und David, dem kleinen Jungen, der voll auf Gott vertraut und damit stärker ist als der Riese in seiner Rüstung. […] Nein, das ist nicht nur etwas von früher, das ist auch etwas für die Zukunft und für jeden Tag, für heute und morgen. Von meiner Kindheit wollte ich euch erzählen und bin voll in der Bibel gelandet. Kein Wunder: Diese andere Welt hat mich immer fasziniert als Alternativwelt.

Die Bibel als unbestechliche Begleiterin, Anleiterin, als Ermahnerin und Mutmacherin. Aktuell in vielen Aussagen, auch wenn diese fast 3000 Jahre alt sind oder knapp 2000 Jahre wie das Neue Testament. Und ich bin sicher, auch in hundert und in tausend Jahren sind diese Texte nicht verblasst.

*Maria Jepsen*

---

**1** Untersuche Karl Barths Satz zur Bibel: Was sollten wir denn seiner Meinung nach suchen und was könnten wir dann finden? > **1**

**2** a) Arbeite aus Friedrich Schorlemmers Brief an seine Enkel heraus, was ihm an der Bibel wichtig ist. > **2**

b) Erkläre, was der Großvater meint, wenn er schreibt, dass der Schatz nicht „freiliegt, sondern freigelegt werden will". > **2**

**3** a) Wähle eine Bibelstelle aus, die für dich ein Schatz ist.

b) „Lege" sie für andere „frei", indem du formulierst, wie du die Stelle deutest und warum sie so wertvoll für dich ist. Vielleicht hast du sogar die Möglichkeit, deinen Text im Rahmen eines Schulgottesdienstes vorzutragen.

**4** Stelle Vermutungen darüber an, was Max z. B. meinen könnte mit „das kann doch gar nicht sein". > **3**

**5** a) Begründe, warum die Geschichte „Vom verlorenen Sohn" für Maria Jepsen ein Schatz ist. > **4**

b) Erkläre, warum biblische Texte für die Autorin noch immer aktuell sind. > **4**

**6** a) Warum lesen Menschen die Bibel? Formuliere die Antworten, die du aus den beiden Bildern dieser Doppelseite erkennst.

b) Nimm Stellung zu diesen „Antworten".

DIE BIBEL UND IHRE GESCHICHTEN

# Wahre Erzählungen

Ausschnitt aus dem Großen Zittauer Fastentuch, gemalt 1472 von einem unbekannten Künstler, heute zu sehen im Museum „Kirche zum Heiligen Kreuz" in Zittau.

### 1 Probleme eines Geschichtenerzählers

Man wird, wenn man Geschichten schreibt, sehr oft gefragt: „He Sie, ist das, was Sie geschrieben haben, auch wirklich passiert?" Besonders die Kinder wollen das immer genau wissen. Da steht man dann da mit seinem dicken Kopf und zieht sich am Spitzbart. Manches in den Geschichten ist natürlich wirklich passiert, aber alles? Man ist doch nicht immer mit dem Notizblock hinter den Leuten hergesaust, um haarklein nachzustenographieren, was sie geredet und getan haben! […]
Nun stellen sich aber viele Leser, große und kleine, breitbeinig hin und erklären: „Sehr geehrter Herr, wenn das, was Sie zusammengeschrieben haben, nicht passiert ist, dann lässt es uns eiskalt." Und da möchte ich antworten: Ob wirklich passiert oder nicht, das ist egal. Hauptsache, dass die Geschichte wahr ist!

*Erich Kästner*

## ZUR SACHE

### 2  Die Bibel – das Buch der vielen Bücher

Der Begriff „Bibel" kommt vom griechischen Wort *biblia*, das übersetzt „Bücher" heißt. In der Tat besteht die Bibel aus einer Vielzahl von Büchern, die zu unterschiedlichen Zeiten geschrieben wurden. Grob teilt man die Bibel in das *Alte Testament (AT)* und das *Neue Testament (NT)* ein.

Wurden die Texte vor Jesu Geburt verfasst, ordnet man sie dem *Alten Testament (AT)* zu. Dieses umfasst Erzählungen, Lieder und Sprichwörter, die nach heutigem Kenntnisstand frühestens im achten Jahrhundert vor Christus aufgeschrieben wurden. Viele dieser Texte wurden aber schon lange davor weitererzählt. Da die Menschen zu dieser Zeit hebräisch sprachen, wurden diese Texte auch in hebräischer Sprache niedergeschrieben; man nennt das *Alte Testament* deshalb auch *Hebräische Bibel*. Die Texte halten ganz unterschiedliche Erfahrungen von vielen verschiedenen Menschen fest, die sie in ihrem Leben mit Gott und den Mitmenschen gemacht haben. Entsprechend viele Fragen und Antworten stellen bzw. geben die biblischen Texte auch. Die meisten dieser Texte sind (unter dem Namen *Tanach*) bis heute die *Heilige Schrift* des Judentums – bereits für Jesus von Nazareth war dies so.

Das *Neue Testament (NT)* ist nach Jesu Tod entstanden. Zu ihm gehören die Evangelien, die Apostelgeschichte und Sammlungen von Briefen. Die Texte des *Neuen Testaments* wurden auf Griechisch geschrieben. Die Evangelien erzählen von Jesu Leben und Wirken. Die Apostelgeschichte berichtet von den Erlebnissen der ersten Christen. Mit der Ausbreitung des Christentums tauschten sich die Christen auch in Briefen über Glaubensfragen aus. Diese Sammlung von Evangelien, Apostelgeschichte und Briefen wurde erst im Jahr 367 n. Chr. für beendet erklärt.

---

1  (Er-)Finde Situationen, in denen eine Erzählung nicht „wirklich passiert", aber trotzdem „wahr" sein kann. > **1**

2  Kläre mit eigenen Worten das Missverständnis zwischen Erich Kästner und seinen Lesern. > **1**

3  a) Informiere dich im Internet über die Zittauer Fastentücher (➤ Bild S. 30) und bereite ein Kurzreferat darüber vor.
   b) Erläutere, was diese Fastentücher mit einer Kinderbibel gemeinsam haben.
   *plus*  c) „Ein Fastentuch über dem lustigen Text von Erich Kästner: Was soll denn das?" Nimm Stellung.

4  Wer hat die Bibel geschrieben? Sammelt zunächst euer Vorwissen und vergleicht dieses dann mit den Informationen, die ihr aus dem ➤ Text S. 26 und **2** herausarbeitet. > **2**

5  Viele Menschen verwenden den Begriff *Hebräische Bibel* lieber als *Altes Testament*. Nenne mögliche Gründe. > **2**

# DIE BIBEL UND IHRE GESCHICHTEN

# Die Bibel hat Geschichte

Aus einer hebräischen Bibel.

Aus einer lateinischen Bibel.

Aus einer griechischen Bibel.

## ZUR SACHE

### 1 Luthers bahnbrechende Bibelübersetzung

Bis ins 16. Jahrhundert gab es von der Bibel nur hebräische bzw. griechische Ausgaben, deren lateinische Übersetzung (*Vulgata*) und wenige schwer lesbare deutsche Übersetzungen der lateinischen Ausgabe. Erst vor knapp 500 Jahren legte Martin Luther (▶ S. 77, 4 ) als Erster eine verständliche und vollständige deutsche Übersetzung der Bibel vor. Das war für die damaligen Christen revolutionär. Weil zu dieser Zeit viele Menschen (auch Erwachsene) nicht lesen konnten, entwickelten sich auch alternative „Übersetzungen", die sich künstlerischer Mittel bedienten und ohne Schrift auskamen. Auch für die heutigen Menschen hat Luthers Übersetzung eine wichtige Bedeutung; nicht nur wegen der Inhalte der biblischen Texte, sondern auch weil Luther mit seiner erfolgreichen und weit verbreiteten Übersetzung die Entwicklung der deutschen Sprache sehr beeinflusste. Ohne Luthers Bibel würden wir heute möglicherweise alle Substantive kleinschreiben. Luther hat auch neue Wörter erfunden, z. B. Lückenbüßer, friedfertig, Machtwort, Feuereifer, Lästermaul und Morgenland.

## 2  Die Lutherrose: Luthers eigene Deutung seines Wappens

Luther schreibt am 8. Juli 1530 an den Nürnberger Ratsschreiber Lazarus Spengler:

Das erst sollt ein Kreuz sein, schwarz im Herzen, das seine natürliche Farbe hätte, damit ich mir selbs Erinnerung gäbe, dass der Glaube an den Gekreuzigten uns selig machet. Denn so man von Herzen gläubt, ⁵ wird man gerecht. [...] Solch Herz aber soll mitten in einer weißen Rosen stehen, anzuzeigen, dass der Glaube Freude, Trost und Friede gibt, [...] darumb soll die Rose weiß, und nicht rot sein; denn weiße Farbe ist des Geistes und aller Engel Farbe. Solche Rose stehet ¹⁰ im himmelfarbenen Felde, dass solche Freude im Geist und Glauben ein Anfang ist der himmlischen Freude zukunftig, itzt wohl schon drinnen begriffen und durch Hoffnung gefasset, aber noch nicht offenbar. Und umb solch Feld einen gulden Ring, dass solch ¹⁵ Seligkeit im Himmel ewig währet und kein Ende hat, und auch köstlich über alle Freude und Güter, wie das Gold das höhest, köstlichst Erz ist.

*Martin Luther*

Jubiläumsausgabe der Lutherbibel 2017.

---

1. Betrachte die drei Abbildungen S. 32 genau. Für jemanden, der diese Sprachen (Hebräisch, Altgriechisch, Latein) nicht beherrscht, wirken die Bibeltexte wie in einer Geheimschrift verfasst. Überlege, welche erwünschten und welche unerwünschten Folgen dieser Befund haben kann.

2. Christen auf der ganzen Welt lesen Bibeltexte nicht in der Sprache, in der sie ursprünglich geschrieben wurden (➤ Abbildungen S. 32), sondern in ihrer jeweiligen Muttersprache. Stelle die Vor- und Nachteile zusammen, die die Verwendung einer Bibelübersetzung gegenüber dem Lesen der Texte in der Originalsprache hat. ➤ **1**

3. Lest in der Bibel 1. Mose 1,1-2,4. Gestaltet in Kleingruppen eine schriftlose Übersetzung der Geschichte, z. B. in Form eines Bildes oder eines Posters (➤ S. 110, ✝ M3); präsentiert eure Ergebnisse vor der Lerngruppe. ➤ **1**

4. In **1**, Z. 21-22 werden Wörter genannt, die Luther bei seiner Bibelübersetzung erfunden hat. Kläre die Bedeutung dieser Wörter mithilfe eines Lexikons oder des Internets. ➤ **1**

5. Du siehst: Von Zeit zu Zeit erscheint eine „neue" Lutherbibel. Sammle mögliche Gründe dafür und dagegen.

**plus** 6. Zeichne die Lutherrose in dein Heft und beschrifte die einzelnen Bestandteile dieses Symbols (➤ S. 47, **2**) der Evangelisch-Lutherischen Kirchen nach Luthers eigener Deutung. ➤ **2**

**plus** 7. Lege dar, welche Botschaft vermittelt wird, wenn die Lutherrose auf eine Bibel (wie auf die oben abgebildete) gedruckt ist. ➤ **2**

# DIE BIBEL UND IHRE GESCHICHTEN

# Gotteswort – Liebeswort

**1 Gottes Wort ist wie Licht in der Nacht**

*Text: Hans-Hermann Bittger (nach Psalm 119).*
*Melodie: Kanon für zwei Stimmen, Joseph Jacobsen (1935).*

**2 Am Bergsee**

Wir wohnen direkt an einem Bergsee in einem einsamen Häuschen. Mein Zimmer befindet sich im Dachgeschoss. Eben bin ich aus dem Schlaf hochgeschreckt. Draußen tobt ein fürchterliches Gewitter. Regen und Zweige schlagen gegen mein Fenster. Krachende Donnerschläge lassen meinen ganzen Körper vibrieren. Ich habe panische Angst und ich kann nicht mehr richtig atmen. Ich liege erstarrt in meinem Bett, unfähig zu fliehen, einzelne Tränen fließen aus meinen Augen über meine Wangen. Meine Hände krallen sich verkrampft am Betttuch fest. Da höre ich aus dem Dunkeln eine Stimme: „Ich bin ja da … alles ist gut." Warmes Licht einer Kerze durchflutet mein Zimmer. In ihm erkenne ich meine Mutter. Mama!! Ich kann wieder atmen. Seltsam: Sie hätte die Kerze gar nicht mehr anzünden müssen …

**3 Die Bibel: Menschenwort wird Gotteswort**

Die Bibel wird auch „Gottes Wort" genannt. Die Texte der Bibel, wie wir sie heute kennen, sind aber von Menschenhand geschrieben und immer wieder verändert worden. Wieso können sie dann Gottes Wort sein? Sie können zu Gottes Wort werden, wenn sie bewirken, dass der Mensch daran glauben kann, dass Gott ihn liebt! Denn dann bewirken die Texte, was Gott will.

So steht in der Bibel von Gott auch, dass er, wie die Mutter in der obigen kurzen Geschichte, mit Licht zu den Menschen kommt, um ihnen zu zeigen, dass er sie liebt. Für den, der darauf vertrauen kann, wird die von Menschenhand geschriebene Bibel zu Gottes Wort.

Spannend ist dabei: Wer wirklich daran glauben kann, dass Gott ihn liebt, in dem wächst die Liebe zu Gott, zu anderen Menschen und zu allem in der Welt.

### 4 Die Bibel: Gottes Wort in Menschenwort

Juden und Christen glauben: Was in der Bibel steht, kommt von Gott. Aber die Bibel ist nicht vom Himmel heruntergefallen. Sie ist Gottes Wort in Menschenwort. Menschen haben sie geschrieben, aber nicht ohne Gott. Denn Gott spricht zu uns durch Menschen und oft brauchte es viel Zeit, bis die Menschen die Worte und den Willen Gottes begriffen haben. In den Geschichten sieht es dann mitunter so aus, dass Gott am Ende ganz anders ist als am Anfang. Dann sehen wir: Die Menschen haben wieder dazugelernt!

Die Bibel-Bibliothek enthält viele Bücher und Stimmen, die nacheinander, nebeneinander und durcheinander, manchmal gegeneinander und dann wieder miteinander reden. Doch immer fließen die vielen Stimmen zu einer Stimme zusammen, zu der Stimme des EINEN. Wir hören Gottes Stimme und erfahren und erkennen, wer der Ursprung aller Worte ist: der Worte, die wir hören, und der Worte, die wir sprechen.

*Rainer Oberthür*

Rembrandt Harmenszoon van Rijn (niederländischer Künstler; 1606 – 1669): Der Evangelist Matthäus, 1661.

1 Dem Dichter des Liedtextes muss etwas widerfahren sein, bevor er dieses Lied geschrieben hat, und zwischen den Zeilen ist noch ziemlich viel Platz ...
Entwirf eine Geschichte, die von Erlebnissen erzählt, die den Dichter zu dem Lied veranlasst haben könnten. > **1**

2 „Sie hätte die Kerze gar nicht mehr anzünden müssen ..." Erkläre diesen Schlusssatz der Geschichte. > **2**

3 Arbeite Gemeinsamkeiten zwischen dem Kanon und der Geschichte heraus. > **1**, **2**

4 Die Bibel: Von Menschenhand geschriebenes Gotteswort. In **3** und **4** werden dafür unterschiedliche Erklärungen gegeben. Vergleiche die Texte und arbeite Gemeinsamkeiten und Unterschiede heraus. > **3**, **4**

5 a) Beschreibe das Bild (➤ S. 108, ✝, M 1).
   b) Deute das Bild (➤ S. 108, ✝, M 1).
   c) Passt das Bild eher zu **3** oder zu **4** – oder vielleicht zu keinem der Texte? Begründe deine Meinung.

DIE BIBEL UND IHRE GESCHICHTEN

# Die Bibel in der Werbung und in der Sprache

**1** **Die Bibel in der Werbung**

Am Anfang waren Himmel und Erde. Den ganzen Rest haben wir gemacht.

WWW.HANDWERK.DE
DAS HANDWERK
DIE WIRTSCHAFTSMACHT. VON NEBENAN.

Die zehn Gebote des guten Geschmacks
9. Du sollst stets genießen, denn Genuss ist das Salz in der Suppe.

Hawaii
DAS KOSTET DER
Urlaub im Paradies

36

## 2 Die Bibel in der Sprache

A. bis an die Enden der Erde

B. Friedenstaube

C. Die Haare stehen zu Berge.

D. Es geht mir ein Licht auf.

E. Wer sucht, der findet.

F. jemanden auf Händen tragen

G. jemanden in die Wüste schicken

---

1  a) Beschreibe die Werbeplakate.

b) Lege dar, was mit den einzelnen Plakaten bezweckt wurde.

c) Lies die folgenden Bibelstellen und ordne sie den einzelnen Plakaten zu:
1. Mose 2,4-17; 1. Mose 1,1; 2. Mose 20,2-17. > **1**

2  a) Erkläre, warum Werbung biblische Geschichten verwendet.

b) Darf Werbung aus deiner Sicht die Bibel verwenden? Begründe deine Meinung. > **1**

3  a) Auch in der Sprache finden sich viele biblische Bezüge. Erkläre, was die Redewendungen unter **2** bedeuten.

b) Ordne den Redewendungen die folgenden Bibelstellen zu: Hi 4,15; Ps 112,4; 3. Mose 16,5-10; Ps 72,8; 1. Mose 8,10-11; Mt 7,7; Mt 4,16; Ps 91,12.

c) Suche dir eine Redewendung aus und gestalte ein Bild dazu, das auch den biblischen Bezug zeigt. > **2**

# DIE BIBEL UND IHRE GESCHICHTEN

## Bibelverse begleiten Menschen

### 1 Taufspruch

Wenn Menschen getauft werden, erhalten sie in der Regel einen Taufspruch. Dies ist ein Vers aus der Bibel, der sie ihr Leben lang begleiten und an die Taufe erinnern soll. Ihren Taufspruch merken sich auch viele Menschen, denen die Bibel sonst wenig bedeutet. Deshalb ist es wichtig, einen Taufspruch sorgfältig auszuwählen.

> Der HERR ist mein Licht und mein Heil; vor wem sollte ich mich fürchten?
> Psalm 27,1

### 2 Verschiedene Taufsprüche

> Meine Hilfe kommt vom HERRN, der Himmel und Erde gemacht hat.
> Psalm 121,2

> Ein Mensch sieht, was vor Augen ist; der HERR aber sieht das Herz an.
> 1. Samuel 16,7

> Fürchte dich nicht; ich habe dich bei deinem Namen gerufen; du bist mein!
> Jesaja 43,1

> Alle eure Sorge werft auf ihn; denn er sorgt für euch.
> 1. Petrus 5,7

> Ich bin das Licht der Welt. Wer mir nachfolgt, der wird nicht wandeln in der Finsternis.
> Johannes 8,12

### 3 Fürchte dich nicht

Liebe Josefine,

[…] es ist ein großes Geheimnis, dass, wenn wir selbst verzagt sind, oft Menschen da sind, die einen stabileren Grund unter den Füßen haben oder einen Kern in sich, dem sie trauen. Die Menschen, denen ich nachlebe, hatten ihn aus dem Glauben. Sie vertrauten darauf, dass dieses Bibelwort stimmt: „Fürchte dich nicht, denn ich habe dich bei deinem Namen gerufen. Du bist mein."

Der Prophet Jesaja hat diese Worte seinen

Zeitgenossen als Worte Gottes gesagt. Unfreiheit und Ungerechtigkeit waren damals und sind immer wieder so groß, dass sie als „normal" gelten mussten. Fast könnten wir sa-
15 gen: Es gibt eine Normalität der Angst. Keine schöne Erkenntnis. Aber du weißt aus der Geschichte, dass in der Politik, und du weißt aus dem Leben, dass mitten unter uns auch heute Menschen Angst haben und dass sie offenbar
20 nicht anders können, als anderen Angst zu machen.

Und dann zu hören, zu glauben, sich darauf zu verlassen, dass wir ganz zuletzt, vielleicht ganz am Ende (oder auch ganz plötzlich) nicht mehr unserer Angst gehören, sondern Gott, 25 dass eine stärkere Liebe existiert als die, die wir Menschen zustande bringen, das, Josefine, lässt manche Menschen Hoffnung finden, wenn andere aufgeben. […]

Dein Großvater
Joachim Gauck

---

1 Beschreibe die Bilder. Erkläre jeweils die Wahl des Bibelzitats.
2 Betrachte das Foto mit der Frau im grünen Mantel besonders genau:
   a) Wo könnte das Bild aufgenommen worden sein? Begründe deine Antwort.
   b) Arbeite die Aussageabsicht des Fotografen heraus.
3 Finde weitere Bibelsprüche, die dir im Alltag begegnen. Fotografiere sie und sammle sie in einer Datei.
4 Erkläre, warum der Taufspruch ein Begleiter fürs Leben sein kann. > 1
5 a) Wenn du getauft bist: Frage deine Eltern, ob du einen Taufspruch hast, und bringe ihn gegebenenfalls mit. > 1
   b) Gestalte eine Seite deines Heftes zu deinem Taufspruch (indem du schreibst, malst, zeichnest, klebst …). Wenn du keinen Taufspruch hast, wähle eine Bibelstelle 2 aus. > 1, 2
   c) Wer mag, nennt seinen Mitschülern seinen (Tauf-)Spruch. Formuliert in einem Gespräch Vermutungen, warum gerade diese Bibelstelle ausgewählt wurde. > 1, 2
6 Begründe, warum für Joachim Gauck der Bibelvers aus dem Jesajabuch, den er zitiert, wichtig ist. > 3

## DIE BIBEL UND IHRE GESCHICHTEN

# Geschwister

Zwei Brüder?

**1** a) Beschreibe die Szene, die du auf dem Bild oben siehst, genau.

b) Zeichne zu beiden Köpfen jeweils zwei große Sprechblasen und zwei große Gedankenblasen in dein Heft. Trage verschiedene (!) Möglichkeiten ein, was die beiden Figuren wohl sagen bzw. denken könnten.

c) Verfasse eine passende Vorgeschichte sowie ein mögliches Ende zur dargestellten Szene.

**2** Lies 1. Mose 4,1-16.

a) Vergleiche diese Erzählung mit dem von dir zu Aufgabe 1a verfassten Text.

b) Beschreibe die Gefühle des älteren Bruders in
V. 1-2; V. 3-5a; V. 5b-7; V. 8; V. 9-10; V. 13-15; V. 16.
Lege dazu in deinem Heft eine Tabelle an.

c) Unterlege die gefundenen Gefühle jeweils mit einer deiner Meinung nach passenden Farbe. Begründe deine Farbwahl. Arbeite heraus, was sich aus dem entstandenen Farbverlauf über den Gang der Erzählung herleiten lässt.

d) Entwickelt in Zweiergruppen Standbilder (➤ S. 111, M5), die die Situation der beiden Geschwister in einer Phase der Erzählung darstellen.

e) Vielleicht magst du von Situationen berichten, in denen es dir ähnlich wie dem jüngeren oder dem älteren Bruder ging. Stelle dar, wie es dir gelang, die Situation anders als in der Bibel enden zu lassen.

*plus* **3** „Die Stimme des Blutes deines Bruders schreit zu mir von der Erde" (1. Mose 4,10) – Sammle Beispiele für vergleichbares „himmelschreiendes Unrecht" in der Gegenwart.

*plus* **4** Arbeite heraus, inwiefern die Frage „Wo ist dein Bruder Abel?" (1. Mose 4,9) eine Frage an jeden Hörer bzw. Leser dieser Erzählung ist.

## ZUR SACHE

### 1 Der Familienvater zur Zeit Jesu

Zur Zeit Jesu und in der Kultur, in der die Evangelien entstanden, war der Familienvater zugleich der Chef des Hauses; wer etwas von ihm wollte, musste um ein Gespräch bei ihm bitten, erst dann durfte er zu ihm.
In der biblischen Geschichte „Vom verlorenen Sohn" kommt der Vater seinem Sohn entgegen bzw. läuft ihm hinterher. So etwas war damals höchst ungewöhnlich und ein Hörer der damaligen Zeit hat sich sicher sehr darüber gewundert.

---

**1**  a) Beschreibe die Szene, die du auf dem Bild oben siehst, genau.

b) Entwirf ein Gespräch zwischen den drei Figuren.

**2**  Lies die Geschichte „Vom verlorenen Sohn" (Lk 15,11-32) in der Bibel (➤ S. 12f).

a) Arbeite, auch mithilfe von **1**, heraus, wo die drei Figuren anders handeln, als man es zur damaligen Zeit erwartet hätte. ➤ **1**

b) „Der Vater in der Erzählung ist ein guter Vater." Diskutiert, indem ihr Argumente für und gegen diese Behauptung formuliert. Die folgenden Wörter können euch dabei helfen: gerecht; ungerecht; fair; lieb(end); barmherzig; Mitleid habend; nachsichtig; streng; gütig; zu nachgiebig.

c) „Lk 15,11ff erzählt nicht nur die Geschichte eines Vaters und seiner Söhne, sondern auch …" Setze den Satz fort.

d) Sammle mögliche Lehren, die man aus der Geschichte ziehen könnte.

**3**  a) Vergleiche die Erzählung Lk 15,11ff mit dem Bild. Nenne Gemeinsamkeiten und Unterschiede.

b) Sammle Gründe, die für und gegen eine solche „Übersetzung" einer biblischen Geschichte sprechen.

c) Könnte man die Geschichte auch mit einer Mutter und ihren zwei Töchtern erzählen? Begründe deine Entscheidung. Diskutiert dieses Thema in der Lerngruppe.

**4**  Lk 10,38ff erzählt von zwei Schwestern, die sich nicht einig sind. Arbeite heraus, was uns der Verfasser mit dieser Geschichte sagen will.

DIE BIBEL UND IHRE GESCHICHTEN

# Die Bibel – nur ein Buch?

**1  Viele Bücher – ein Name**

**2  Viele Namen – ein Buch**

Die elfjährige Anne-Kathrin erzählt:

Letztens habe ich im Bücherregal meiner Oma gestöbert und da fiel mir ein altes Buch auf, das am Rand mit Gold versehen war. Ich habe gleich gesehen, dass es ein besonderes Buch war. Als ich es herausnahm, sah ich, dass es die Bibel war. Aber auf dem Buch stand: „Die Heilige Schrift". Meine Oma erklärte mir: „Die Bibel ist eine heilige Schrift, weil sie im Gottesdienst gelesen wird und auch Taufsprüche aus ihr genommen werden. Daher bezeichnen manche Menschen sie als ‚Heilige Schrift'." Als ich mich weiter mit meiner Oma unterhielt, sagte sie, dass man die Bibel sogar manchmal als Gute Nachricht bezeichnet und dies so viel wie Evangelium bedeutet und so ja auch vier Bücher des **Neuen Testaments** heißen. Sie erklärte mir auch, dass früher eine „gute Nachricht" die Bezeichnung für eine Siegesbotschaft war und dass der Begriff erst später, nachdem die Bibel verfasst war, eine christliche Bedeutung bekommen hat.

Ich frage mich jetzt, wie man die Bibel eigentlich bezeichnen soll: **Bibel, Gute Nachricht, Heilige Schrift** oder gar **Buch der Bücher**?

1 **Argumentieren**
   a) Erkläre die verschiedenen Namen der Bibel. Beziehe dabei auch dein Wissen aus den letzten Stunden mit ein.
   b) Nenne den Namen, der dir am geeignetsten erscheint. Begründe deine Antwort. > 2

2 **Analysieren und Vergleichen**
   Stöbert zu Hause oder in einer öffentlichen Bibliothek nach Bibeln und bringt sie in den Unterricht mit. Vergleicht die verschiedenen Ausgaben hinsichtlich ihrer Gestaltung (Einband, Druckbild, Papier), ihres Inhaltes (Inhaltsverzeichnis, Bilder, Erklärungen) und der Sprache einzelner Bibelstellen. > 1

3 **Präsentieren**
   Gestaltet gemeinsam ein Poster (> S. 110, M3) zur Bibel. Denkt dabei an ihre Entstehung, ihre Sprachen, Luthers Übersetzung und die verschiedenen Bibelausgaben.

*plus* 4 **Unterscheiden**
   a) Die Bibel als Grundlage für Taufsprüche, Redewendungen und Werbeslogans: Erläutere die Unterschiede.
   b) Stelle einen Zusammenhang her zwischen den Ergebnissen aus 4a und den Namen für die Bibel. > 2

5 **Gestalten**
   Suche dir einen Bibelvers oder eine Geschichte aus diesem Kapitel aus und gestalte eine moderne Interpretation zum Ansehen oder zum Hören.

6 **Gedanken aufschreiben**
   „Wir werden in der Bibel immer gerade das finden, was wir darin suchen ..." Was hast du in der Bibel gefunden? Nimm ein besonders schönes Blatt Papier und schreibe deine Gedanken in einem Text auf. Vielleicht magst du deinen Text an einen besonderen Ort legen, wo du ihn in einem Jahr oder später wieder lesen kannst. Ob du es da immer noch so siehst?

# Jetzt kann ich ...

... beschreiben, wie ich auf unterschiedliche Weise mit der Bibel umgehen kann.

... die Herkunft des Wortes „Bibel" erläutern.

... in Grundzügen die Entstehung der Bibel skizzieren.

... den Aufbau der Bibel aufzeigen und mich in der Bibel zurechtfinden.

... Bibelstellen aufschlagen.

... an Beispielen die Bedeutung der Bibel für unsere Kultur zeigen.

... an einem Beispiel aufzeigen, wie Bibelgeschichten interpretiert werden können, und mich damit auseinandersetzen.

... selbst eine Bibelgeschichte interpretieren.

# Lebenswege mit Gott

Paul Klee (deutscher Maler und Grafiker; 1879–1940).

# Gott – in meinem Leben

> Ich glaube, dass es einen Gott gibt, der alles geschaffen hat.

> Gott? – In meinem Leben? Ich würde ihn so gerne mal spüren!

> Ich glaube, dass sich die Menschen Gott nur einbilden.

> Mit Gott rechne ich nicht in meinem Leben; ich verlass mich nur auf das, was ich sehen kann. Wo soll dieser Gott denn sein?

> Gott begleitet mich immer! Wenn es mir gut geht, aber auch wenn ich traurig bin.

> Ich weiß nicht, ob es Gott überhaupt gibt. Wenn es ihn gäbe, würde doch nicht so viel Schreckliches auf der Welt passieren.

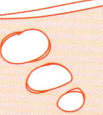

---

1  Formuliere stichwortartig deine Gedanken zum Bild.
2  Beschreibe deinem Sitznachbarn das Bild und notiert dann zusammen offene Fragen an den Künstler.
3  Gib dem Bild einen Titel.
4  „Jeder muss seinen eigenen Weg finden", sagen die Erwachsenen. Doch was ist der richtige Weg?
   Beschreibt in Gruppenarbeit Situationen, in denen Menschen Entscheidungen treffen müssen, und entwerft zu einer Situation ein Rollenspiel.
5  „Gott in meinem Leben?"
   a) Nenne Orte oder Zeiten, die für dich etwas mit Gott zu tun haben.
   b) Wähle eine Äußerung, die deiner eigenen Einstellung momentan am nächsten kommt, oder formuliere deine eigene Sichtweise. Erläutere deinen Standpunkt.

LEBENSWEGE MIT GOTT

# Wege

**1 So viele Wege**

## SPRACHLEHRE DES GLAUBENS

### 2 Symbol

Ein Symbol ist ein sichtbares Zeichen, das auf etwas Unsichtbares oder auf einen tiefer liegenden Sinn verweist. Das Wort stammt aus dem Griechischen, und zwar vom Verb symballein: zusammenwerfen, vergleichen, oder vom Substantiv symbolon: Zeichen, Sinn-Bild. Der halbe Herzanhänger z. B. ist ein Zeichen für die Freundschaft zweier Menschen. Die eine Hälfte, die man trägt, verweist auf die unsichtbare zweite Hälfte, den Freund oder die Freundin. Wir kennen viele solcher Symbole: Z.B. das Kreuz als Zeichen des Glaubens oder das Brot beim Abendmahl, das auf die Gemeinschaft mit Christus verweist (▶ S. 105, 5), oder das Symbol des Weges, der mit der Lebensgeschichte eines Menschen verglichen wird. Viele Symbole beinhalten auf der Bildebene dieselben Merkmale wie die Sache, für die sie stehen: So kann die Lebensgeschichte eines Menschen wie ein Weg bergauf oder bergab gehen, mal muss man umkehren, mal die Richtung beibehalten, mal gleicht sie einer Wüstenwanderung, mal eher einem gemütlichen Spaziergang am Strand.
Nicht alle Symbole haben solche eindeutigen Vergleichspunkte, manche sind auch einfach durch den Gebrauch im Laufe der Zeit zu Zeichen für etwas geworden.

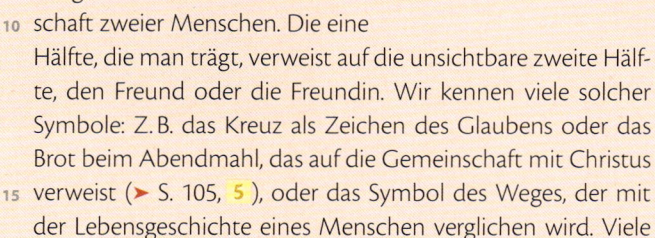

### 3 Symbole – mehr, als man sieht!

---

1 Sieben Fotos, sieben Wege …:
   a) Formuliere für jedes Foto eine treffende Bildunterschrift. ▶ 1
   b) Wähle das Wegstück aus, auf dem du gerade am liebsten wärst, und das, auf dem du dich keinesfalls befinden möchtest. Begründe deine Entscheidung. ▶ 1
   c) Bildet Gruppen und entwerft jeweils zu einem der Fotos eine spannende Geschichte. Lest euch die Geschichten gegenseitig vor. ▶ 1
2 Lies den Text „Symbol" und arbeite heraus, warum der Weg ein Symbol für das Leben ist. ▶ 2
3 Erläutere die Bedeutung der Symbole, die du oben siehst. ▶ 2, 3
plus 4 Lebenswege kann man auch malen. Wähle eine kleine Wegstrecke aus deinem Leben aus und male sie: Vielleicht eine Phase, in der alles wunderbar glatt lief, oder eher eine Wegstrecke, auf der es holprig war, oder ein Stück, auf dem schwierige Entscheidungen zu treffen waren …? Achte auf passende Farben.

LEBENSWEGE MIT GOTT

# Wie Menschen sich Gott vorstellen

## 1 Menschen erzählen in Bildern von Gott

Schüler einer 5. Klasse.

Michelangelo (italienischer Maler, Bildhauer, Architekt und Dichter; 1475–1564).

Der Schöpfer, die Welt mit einem Zirkel ausmessend. Miniatur aus einer Bible moralisée. Frankreich, 13. Jh.

## 2 Gott finden?

Der Künstler Mark Rothko (1903-1970) wurde einmal gebeten, eine Kapelle in Houston in Amerika mit Bildern zu gestalten. Es sollte ein Raum werden, in dem Menschen Ruhe finden, um zu meditieren oder zu beten, um zu sich selbst und zu Gott zu kommen. Ja, in der Kapelle sollte etwas von der Gegenwart Gottes spürbar sein. Der Künstler nahm die Herausforderung an. Er malte aber keine Personen oder Gegenstände oder Formen. Für den achteckigen Bau bemalte er riesige Leinwände mit Farben – einfach nur hohe, stille Farbwände. Viele Besucher sind beeindruckt von der Atmosphäre in der Kapelle. Eine Besucherin schrieb ins Gästebuch: „Hier sollten alle Kinder der Welt herkommen […]. Das Gefühl von Stille und Erhabenheit ist außergewöhnlich […]. Kein Platz zum Denken […]. Selten habe ich die Anwesenheit Gottes stärker gespürt."

*Nach Petra Fietzek*

Rothko-Kapelle.

### ZUR SACHE

## 3 Bilderverbot

„Du sollst dir kein Gottesbild machen", heißt es in der Bibel (2. Mose 20,4). Das bedeutet, dass man Gott nicht auf menschliche Vorstellungen festlegen darf. Gott offenbart sich auf vielfältige Weise. Man wird ihm nicht gerecht, wenn man ihn in ein Bild zwängt oder so tut, als ob man ihn genau kenne. Das ist in menschlichen Beziehungen nicht anders. Wo sich Menschen vom anderen ein allzu festes Bild machen, engen sie einander ein. Allerdings können wir Menschen auch nicht ganz ohne Vorstellungen leben. Deshalb bedeutet das Bilderverbot für Christen nicht unbedingt, dass sie auf alle Bilder verzichten müssen. Wichtig ist, dass wir die Bilder, die wir uns von Gott machen, auch wieder loslassen und nicht für absolut wahr halten. So dient auch dieses Gebot nur zum Besten der Menschen (▶ S. 15, 4, 5).

## ZUR SACHE

### 4 Von Gott reden?

Von Gott kann man nicht so einfach „objektiv" reden wie von sichtbaren Gegenständen. Erzählungen *von* Gott haben etwas mit Erfahrungen *mit* Gott zu tun. Das sehen wir in der Bibel: In ihren Texten kommt zur Sprache, wie Menschen zu verschiedenen Zeiten Gott erlebt haben und wie sie selbst oder die Menschen nach ihnen solche Gotteserfahrungen gedeutet haben (➤ S. 30, 1 ). Die Geschichte Gottes mit den Menschen hat also schon lang vor uns begonnen. Wenn Christen Geschichten aus dem Alten Testament lesen (➤ S. 26; 31, 2 ), knüpfen sie ganz bewusst an die Erfahrungen an, die die Juden im Volk Israel mit Gott gemacht haben. Ganz unterschiedlich, manchmal sogar widersprüchlich, wird hier über Gott erzählt. Und man merkt schnell: Gott lässt sich nicht auf *einen* Begriff bringen, so wie man ihn eben auch nicht in *ein* Bild fassen darf. Allerdings, *ein* Name für Gott ist den Israeliten im Lauf ihrer Geschichte doch besonders wichtig geworden: Es ist der Name „Jahwe", mit dem Gott im Alten Testament am häufigsten bezeichnet wird. Mit ihm hat sich Gott einst dem Mose in der Wüste an einem brennenden Dornbusch vorgestellt (2. Mose 3,14) und ihm aufgetragen, das vom Pharao bedrängte Volk aus Ägypten zu befreien und in das Land Kanaan zu führen. Übersetzen kann man diesen Namen mit „Ich-bin-da" oder „Ich-bin-der-ich-bin"; das drückt die Treue Gottes und zugleich seine „Unfassbarkeit" aus. Fromme Juden sprechen diesen Namen übrigens nie aus, da er für sie heilig (➤ S. 101, 2 ) ist. Stattdessen lesen sie „adonai – Herr". Durch den Glauben an Jesus (➤ S. 64, 2 ) verändert sich im Neuen Testament (➤ S. 26; 31, 2 ) die Vorstellung von Gott. Typisch für Christen ist, dass sie vom dreieinigen Gott, dem Vater, dem Sohn und dem Heiligen Geist (➤ Bilder S. 102), reden.

### 5 Mit Gott streiten?

Anne war müde und leer vom Weinen. Pucki, ihr Hund, war tot. Einmal nicht aufgepasst – überfahren – so sinnlos! Das aufgeschlagene Tagebuch lag auf dem Bett. Manchmal, an schönen Tagen, schrieb sie darin ganze Seiten voll. Aber heute Abend hatte sie nur einen Satz notiert: „Gott ist so gemein!"

*Nach Friedemann Regner*

---

1 Beschreibe die Bilder auf der linken Seite und zeige auf, was die einzelnen Künstler mit Gott verbinden. ➤ 1

2 Beschreibe deine eigene Vorstellung von Gott mit Worten oder suche nach Bildern, die für dich etwas über Gott ausdrücken. Gestaltet eine Ausstellung im Klassenzimmer.

3 a) In der Bibel steht: „Du sollst dir kein Gottesbild machen". Prüfe, ob Menschen etwas Verbotenes tun, wenn sie sich Gott in Bildern vorstellen. ➤ 3
   b) Arbeite heraus, wie in der Bibel von Gott „geredet" wird. ➤ 4

4 Lies 2 .
   a) Arbeite heraus, was die zitierte Besucherin in der Kapelle erlebt. ➤ 2
   b) Setze Rothkos Bilder und die Erfahrungen der Frau in Beziehung zueinander. ➤ 2

5 a) Lies 5 und entwirf eine Vorgeschichte zur Situation am Abend. ➤ 5
   b) Als Isabel ihre Freundin Anne am darauffolgenden Sonntag wie gewohnt zum Kindergottesdienst abholen will, wird sie von Anne an der Haustür abgefertigt. „Ich geh nicht mit!", sagt sie, „Gott ist so gemein!" Was könnte Isabel antworten? Spielt die Szene. ➤ 5
   c) Erörtert und diskutiert in der Klasse: Darf man mit Gott streiten? ➤ 5

# LEBENSWEGE MIT GOTT

# Mit Gott unterwegs in hellen und dunklen Zeiten

### 1 Psalm 23
Der 23. Psalm gehört zu den bekanntesten Texten der Bibel. Viele Menschen kennen ihn. Und viele Menschen beten ihn …

> Der HERR ist mein Hirte,
> mir wird nichts mangeln.
> Er weidet mich auf einer grünen Aue
> und führt mich zum frischen Wasser.
> 5 Er erquicket meine Seele.
> Er führt mich auf rechter Straße
> um seines Namens willen.
> Und ob ich schon wanderte im finstern Tal,
> fürchte ich kein Unglück;
> 10 denn du bist bei mir,
> dein Stecken und Stab trösten mich.
> Du bereitest vor mir einen Tisch
> im Angesicht meiner Feinde.
> Du salbest mein Haupt mit Öl
> 15 und schenkest mir voll ein.
> Gutes und Barmherzigkeit
> werden mir folgen mein Leben lang,
> und ich werde bleiben
> im Hause des HERRN immerdar.

## ZUR SACHE

### 2 Psalm
Psalmen sind Gebete oder religiöse Lieder in der Bibel. Der Begriff kommt vom griechischen Wort *psalmos* und bezeichnet ursprünglich ein Lied, das mit einem Saiteninstrument begleitet wird. In den 5 Psalmen wenden sich Menschen an Gott; sie beten, das heißt, sie reden mit Gott. In verschiedenen Situationen haben Menschen ihren Dank, ihre Bitte und ihre Freude, aber auch ihre Verzweiflung gegenüber Gott in Worte gefasst. Entsprechend gibt es Dank- oder Lobpsalmen, Bittpsalmen und 10 Klagepsalmen. Die Sprache der Psalmen ist oft voller Bilder. Gerade nach schwierigen Erfahrungen haben Menschen Gott auf neue Weise entdeckt und ihm dann neue bildhafte „Namen" gegeben (z. B. „mein Fels", „mein Hirte"). Insgesamt 150 Psal- 15 men gibt es im Alten Testament. Dort sind sie im Buch der Psalmen, dem sogenannten Psalter, zusammengefasst.

### 3 Psalmen – Gebete für viele Lebenslagen

Hier findet ihr eine Auswahl von Psalmversen, die Menschen in schwierigen Situationen ihres Lebens gebetet haben. Es sind Worte der Klage/Angst und Worte der Bitte.

Neige deine Ohren zu mir, höre meine Rede!

Errette mich von den falschen und bösen Leuten.

Mein Gott, mein Gott, warum hast du mich verlassen?

Meine Augen sind trübe geworden.

Errette mich aus den tiefen Wassern.

Ich habe mich müde geschrien, mein Hals ist heiser.

Sende dein Licht und deine Wahrheit, dass sie mich leiten.

Du, HERR, sei nicht ferne; meine Stärke, eile, mir zu helfen!

Alle, die mich sehen, verspotten mich.

Ich bin in tiefe Wasser geraten, und die Flut will mich ersäufen.

---

1. a) Lest euch gegenseitig Ps 23 laut vor. Schließt beim Hören die Augen. Stellt euch die Situationen und Orte vor, die der Beter anspricht. > **1**

   b) Beschreibe das Gottesbild des Psalmbeters. > **1**

   c) Übertrage den Psalm in deine eigene Sprache. Finde dabei Bilder, die in deinem Alltag vorkommen. > **1**

2. a) Welche Psalmverse passen zusammen? Bringt Ordnung in das Durcheinander. Ordnet jeweils einer Klage eine passende Bitte zu und schreibt die fünf „Paare" in euer Heft. > **3**

   b) Entwerft zu einem der Verspaare einen Comic. > **3**

3. Lies **2** und schlage dann folgende Psalmworte in der Bibel nach. Notiere die „Gottesnamen", die du dort findest, und zeichne passende Bilder in Sticker-Größe dazu: Ps 23,1; Ps 27,1; Ps 32,7; Ps 36,10; Ps 40,18; Ps 61,4; Ps 68,6; Ps 84,12; Ps 91,4; Ps 93,1. > **2**

4. Lies Ps 100, Ps 121 und Ps 139.

   a) Welcher Psalm gefällt dir am besten? Begründe deine Wahl.

   b) Gestalte eine farbig illustrierte „Grußkarte" zu deinem Lieblingspsalm oder zu einzelnen Versen daraus.

5. Wählt in der Klasse „euren" Psalm und vertont Verse daraus; singt ihn entweder auf eine bekannte Melodie oder erfindet eine neue passende Melodie, die ihr singt und mit eigenen Instrumenten spielt.

# LEBENSWEGE MIT GOTT

# Singen auf dem Weg

## 1 Die güldene Sonne – ein moderner Lobpsalm

1. Die güldene Sonne, bringt Leben und Wonne, vorbei ist die Nacht. Ich kriech aus den Decken, gieß Wasser ins Becken, dann Frühstück gemacht.

2. Ich atme die Kühle. Wie wohl ich mich fühle! Der Duft von Kaffee. Ich lasse mir schmecken, die leckeren Wecken mit Apfelgelee.

3. Wie oft lag am Morgen ein Berg voller Sorgen wie Blei auf der Brust.
Nichts wollte gelingen. Mir fehlte zum Singen und Leben die Lust.

4. Hab tränenverschwommen kein Licht wahrgenommen, doch die Sonne stand da.
Gott ließ aus den Pfützen die Strahlen aufblitzen und war mir ganz nah.

5. Ach wenn ich doch sähe das Licht in der Nähe jeden Augenblick.
So steh ich mitunter wie blind vor dem Wunder, dem täglichen Glück.

6. Die güldene Sonne bringt Leben und Wonne. Ich bin übern Berg.
Nun will ich beginnen mit hellwachen Sinnen mein heutiges Werk.

*Text: Gerhard Schöne. Melodie: Johann Gecrg Ahle (1671)*

## 2 Vertraut den neuen Wegen

Ver - traut den neu - en We - gen,
weil Le - ben heißt: sich re - gen,
auf die der Herr uns weist,
weil Le - ben wan - dern heißt.
Seit leuch - tend, Got - tes Bo - gen am
ho - hen Him - mel stand, sind Men - schen aus - ge -
zo - gen in das ge - lo - - - te Land

*Text: Klaus Peter Hertzsch (1989). Melodie: Lob Gott getrost mit Singen (Evangelisches Gesangbuch, Nr. 243)*

Vertraut den neuen Wegen
und wandert in die Zeit!
Gott will, dass ihr ein Segen
für seine Erde seid.
Der uns in frühen Zeiten       5
das Leben eingehaucht,
der wird uns dahin leiten,
wo er uns will und braucht.

Vertraut den neuen Wegen,
auf die uns Gott gesandt!      10
Er selbst kommt uns entgegen.
Die Zukunft ist sein Land.
Wer aufbricht, der kann hoffen
in Zeit und Ewigkeit.
Die Tore stehen offen.         15
Das Land ist hell und weit.

## 3 Das wünsch ich sehr

**Kanon**

Das wünsch ich sehr, dass im-mer ei-ner bei mir wär,

*Text: Kurt Rose. Melodie: Detlev Jöcker*

---

1 a) Gib wieder, was das „Ich" im Lied von Gerhard Schöne erlebt, fühlt und wünscht. › **1**
b) Arbeite heraus, welche Rolle Gott im Lied spielt. › **1**
c) Vergleiche deine Vorstellung von Gott mit der des Liedermachers. › **1**
d) Dichte eine weitere Strophe zu dem Lied. › **1**

2 In den beiden Liedern auf dieser Seite geht es um den „Lebensweg". Gestalte eine Geburtstagskarte für einen Freund / eine Freundin und formuliere drei Wünsche, die den Inhalt der Lieder aufnehmen. › **2**, **3**

*plus* 3 Sucht (z. B. im Evangelischen Gesangbuch) nach weiteren Liedern, in denen Gottes Begleitung im Leben eine Rolle spielt. Gestaltet ein eigenes Liederbuch.

LEBENSWEGE MIT GOTT

# David – ein König auf Gottes Wegen oder auf Abwegen? Die Vorgeschichte

### 1 Spurensuche

Auf den folgenden Seiten begleiten wir einen Jungen namens David auf einigen Etappen seines Weges. Viele Spuren hat er in der Bibel hinterlassen. Und neben Abraham, Mose und Jesus ist er wohl eine der bekanntesten Persönlichkeiten in der Bibel. Wer gesicherte Fakten über David hören will, hat es schwer, denn die Erzählungen über David sind keine historischen Berichte und enthalten manche Legenden aus späterer Zeit. Dazu gehört z. B., dass David der Dichter vieler Psalmen gewesen sein soll. Wissenschaftler gehen davon aus, dass David im zehnten Jahrhundert vor Christus gelebt hat und sich vom kleinen Bandenführer zum König hochgearbeitet hat. Die biblischen Texte der Samuelbücher (➤ Bild S. 26) beschreiben diesen Aufstieg geheimnisvoll und mit spannenden Erzählungen. Ganz im Verborgenen beginnt dort Davids Geschichte. Vom Schafhirten in Bethlehem zum „König von Israel" führt ihn ein verschlungener Weg. Manchmal gerät er dabei auf gefährliche Abwege, doch immer wieder heißt es in der Bibel: „Gott war mit ihm". Und deshalb interessiert uns seine Geschichte. Und die fängt eigentlich sogar schon lang vor seiner Zeit an ...

### 2 Die Israeliten in der Richterzeit

Erinnerst du dich an die verschiedenen Bilder für Gott in den Psalmen (➤ S. 50 f., 2, 3, Aufgabe 3)? Ein ganz wichtiger Titel lautet dort: „Gott/Jahwe ist König!" (Psalm 93,1; ➤ S. 49, 4). Die Menschen im alten Israel sahen allein Gott als ihren König an. Anders als die Nachbarvölker hatten die Bewohner des alten Israel lange Zeit keinen König. Stattdessen waren die sogenannten „Richter" wichtige Personen. In Friedenszeiten hatten sie die Aufgabe, Recht zu sprechen und in Streitfällen zu schlichten. Ihre Hauptaufgabe aber lag darin, im Kriegsfall (kurzfristig) die Führung zu übernehmen. Zuerst klappte das gut, doch irgendwann wurden die Bedrohungen von außen immer größer. Vor allem das Seevolk der Philister machte den Israeliten zu schaffen. Sie waren ihnen durch ihre Eisenwaffen haushoch überlegen.
Von Städten wie Askalon oder Gaza oder Gat aus bedrängten sie ihre Nachbarn. Was sollten die Israeliten tun? Ein König sollte her. Einer, der dauerhaft den Überblick und die Herrschaft haben sollte, und einer, der das Heer siegreich gegen die Philister führen sollte.

David in einem Relief aus dem 12. Jahrhundert am Mittelportal der Abteikirche in Saint-Gilles (Frankreich).

### 3 König – ja oder nein?

In jener Zeit lebte in Israel ein berühmter Richter namens Samuel. Manche zählten ihn auch zu den Propheten, da er einen besonderen Draht zu Gott hatte. Er galt als klug, fromm, unbestechlich, sein Urteil wurde von vielen hoch geschätzt.
Eines Tages kamen die Ältesten Israels zu Samuel nach Rama und forderten, das Königtum einzuführen. Natürlich gab es gute Gründe für eine Einführung des Königtums, doch auch manche Einwände dagegen kamen zur Sprache. Denn wer wusste schon, ob ein König immer im Sinne des Volkes handeln würde?

**5 Geographische Orientierung:
Wichtige Siedlungen in der Zeit Davids**

1. Lies den Text „Spurensuche" und arbeite heraus, warum sich die folgenden Seiten des Buches mit David beschäftigen. › **1**

2. a) Beschreibe ganz genau, was du auf dem Bild S. 54 siehst (➤ S. 108, M1).
   *plus* b) Nenne die Bildelemente, von denen auch in **1** die Rede ist. Untersuche dabei auch, wie der Künstler die biblischen Worte „Gott war mit ihm." umsetzt (➤ S. 47, **2**).

3. Stellt euch vor, ihr gehört zu einer Versammlung der Ältesten Israels, die sich bei Samuel in Rama treffen. Erörtert und diskutiert, ob die Einführung des Königtums sinnvoll ist oder nicht. Teilt euch zur Vorbereitung in drei Gruppen auf. Notiert auf verschiedenfarbigen Karten Gründe für einen König (1), gegen einen König (2) und Regeln für einen guten König (3). Ordnet sie an der Tafel.

   Besetzt nun folgende Rollen: **Samuel** als Versammlungsleiter, **verschiedene Älteste** für die Pro- und Contra-Argumente sowie die Regeln für einen guten König.

   Und jetzt geht's los ... Formuliert am Schluss eure Entscheidung. › **2**, **3**, **5**

4. Lest in 1. Sam 8 nach, wie die Versammlung nach biblischer Überlieferung ablief. Fasst das Bibel-Kapitel zusammen.

*plus* 5. Stelle dar, was du von einem guten Schülersprecher erwartest.

# David wird entdeckt – sein Weg an den Königshof

Otto Dix (deutscher Maler und Grafiker; 1891–1969): David vor Saul.

### 1 Königswürde im Doppelpack – Saul und David

Schließlich haben sich die Israeliten doch für einen König entschieden. Der König wurde damals nicht einfach gekrönt, sondern gesalbt. Damit sollte ausgedrückt werden: Dieser König ist von Gott ausgewählt, er hat Gottes Segen. Der erste von Samuel feierlich gesalbte König war Saul aus dem Stamm Benjamin. Zu Beginn hatte Saul wohl manche Erfolge gegenüber den Nachbarvölkern, doch dann schien vieles schiefzulaufen ... Außerdem wurde er krank. In der Bibel wird erzählt, dass er immer wieder sehr traurig, manchmal aber auch richtig aggressiv war. Er blieb zwar weiterhin König. Doch im Hintergrund bahnte sich schon die Geschichte seines Nachfolgers an: David, ein Hirtenjunge aus Bethlehem, sollte ihm auf den Thron folgen ... In der Bibel (1. Samuel 16,1-13) findet ihr die Geschichte von einem seltsamen „Königscasting" und von der geheimnisvollen Salbung Davids.

## 2 David Superstar? – Harfenspieler und mehr

David wird nicht nur von Samuel gesalbt. Er wird schließlich sogar an Sauls Hof nach Gibea geholt. Warum? Nun, David kann besonders gut Harfe spielen. Und da der König immer wieder traurig ist, soll er ihn
5 durch sein Harfenspiel aufmuntern. Die Boten des Königs kommen zu Davids Vater und sagen: „Dein Sohn soll an den Hof kommen und dort Harfe für den König spielen!"

Ganz allein macht sich David auf, verlässt seine Fami-
10 lie und nimmt die Herausforderung an. Ob er so ganz ohne Zweifel losgegangen ist?

## 3 David: Vorsicht Fehler! Was stimmt?

a) David hatte zwei Brüder.

b) Er kam aus Bethlehem.

c) Er war der Älteste.

d) Er hütete Schweine.

e) Er war tapfer.

f) Er war tüchtig im Kampf.

g) Er konnte gut reden.

h) Gott war mit ihm.

i) Sein Vater hieß Jakob.

j) Er war Hirte.

k) Er wurde von Saul zum König gesalbt.

l) Er sah gut aus.

m) Er spielte Harfe.

n) Er beruhigte Saul, indem er mit ihm Schach spielte.

o) Er wurde Samuels Waffenträger.

---

1 Lest 1. Sam 16,1-13 und erklärt, warum die Wahl auf David fällt. > **1**

2 In der Erzählung heißt es am Schluss: „Und der Geist des HERRN geriet über David von dem Tag an." Arbeitet heraus, was damit für Davids weiteren Weg ausgedrückt werden sollte. > **1**

3 Lies in der Bibel 1. Sam 16,14-23. Schreibe einen Tagebucheintrag vom ersten Abend am Hof.

4 Lies noch einmal 1. Sam 16,1-23 und beurteile, welche Aussagen über David in **3** stimmen, und korrigiere die falschen Aussagen. Gestalte in deinem Heft eine „Personalakte" Davids, in die du die richtigen Sätze, geordnet nach Themen (Familie, Herkunft ...), übernimmst. > **1**, **2**, **3**

5 a) Beschreibt das Bild von Otto Dix.
   b) Schreibt die Gedanken, die Saul und David durch den Kopf gehen, auf Denkblasen (Papier oder Folie). Heftet sie an die Tafel oder auf ein Poster (Bild in der Mitte) (➤ S. 110, M3) oder legt sie auf den Tageslichtprojektor.
   c) Arbeitet heraus, welche Stärken Davids der Künstler hervorheben will. Beurteilt, ob diese Stärken auch für euch wichtig sind.

LEBENSWEGE MIT GOTT

# David und Goliath – Mutgeschichten

### 1 David und Goliath – Klein gegen Groß

Dass David nicht nur ein begabter Harfenspieler, sondern auch klug, gewitzt und mutig war, erzählt eine fast märchenhafte Geschichte in der Bibel: Die
5 stark bewaffneten Philister machten den Israeliten wieder einmal zu schaffen. Einer unter ihnen, der Krieger Goliath aus Gat, war besonders stark und forderte die israelitischen Soldaten zum
10 Kampf heraus. Doch niemand wagte es, sich ihm entgegenzustellen, außer … David.
Doch nicht mit Speer und Schild, sondern allein mit einer Steinschleuder
15 stellt er sich dem Riesen gegenüber. In der Bibel findet ihr die Geschichte in 1. Samuel 17.
Auch wenn sich diese Heldensage so wohl nie ereignet hat, gibt sie doch bis
20 heute Stoff zum Nachdenken – und vielleicht seid sogar ihr selbst schon einmal einem „Goliath" begegnet.

Annegret Fuchshuber (1940–1998).

### 2 David vor Goliath

> Der HERR, der mich von dem Löwen und Bären errettet hat, der wird mich auch erretten von diesem Philister.
>
> 1. Samuel 17,37

### 3 Der Tipp eines Dichters

> Siehst du einen Riesen, so achte auf den Stand der Sonne, ob es nicht der Schatten eines Zwerges ist.
>
> Nach Novalis

### 4 Mut muss wachsen

In Hannahs Klasse gibt es einen „Klassen-King", genannt „Coolman". Er hänselt andere, setzt sie unter Druck und wird gewalttätig, aber keiner wehrt sich. Die einen finden ihn cool, die anderen haben Angst und schweigen. In der Geschichte *Der Klassen-King* erzählt Hannah, wie sie und ein „Kleiner" eines Tages das Schweigen brechen:

Coolman, Tim und Kim stehen wieder einmal auf dem Gang zusammen. Sie ärgern einen kleinen Jungen … „Hey, soll'n wir dir mal die Fresse polieren, Babyflasche …?" Ekelpakete, Scheusale! Der Kleine sagt nichts, schüttelt den Kopf, hat Augen wie zwei Angstbirnen; aber schweigt in sich hinein. „Antworte, Baby!" Coolman packt ihn am Kragen. Tim nähert sich von hinten. Gemein. Echt gemein. Da endlich hab ich Wut und Mut. Endlich. Ich schreie los. Wie eine Sirene. „Klappe!" zischt Coolman.

Ich schreie trotzdem weiter. Da lässt er den Erstklässler los, guckt Tim und Kim an. Die drei erstarren zu Salzsäulen. Ich schreie. Sie rennen weg … Frau Hampel direkt in die Arme. Das geschieht ihnen recht! … „Der hat angefangen!" Sie zeigen auf den Kleinen. Ich sage: „Nein, die haben angefangen!" Der Kleine zittert. Er holt Luft. Und dann bläst er sich auf zu einer Wutkugel und legt los … „Ich angefangen? Bei euch piept's wohl!"… Frau Hampel schaut vom einen zum anderen. „Ich will wissen, was war". Ich will erzählen. Auch wenn sie mich eine Petze nennen. Ist mir egal … „Das wirst du büßen, Baby!" zischt Coolman. „Feigling" zische ich zurück. „Große Klappe und nichts dahinter" flüstert der Kleine.

Der hat Mut! Mut braucht manchmal Zeit, bis er freigekratzt ist. Die ganze Angst muss man erst abgekratzt haben, dann kann er herauskommen, der Mut.

*Elisabeth Zöller*

---

**1** a) Lies die Geschichte von David und Goliath in 1. Sam 17 und erkläre, was den Israeliten Angst macht. › **1**

b) Beschreibe Davids Stärke. Beziehe dich dabei auch auf das Zitat aus dem Bibeltext. › **2**

c) Interpretiere den Tipp des Dichters. › **3**

**2** a) Benenne, was die beiden Bilder dieser Doppelseite verbindet.

b) Lies den Ausschnitt aus dem Roman von E. Zöller und arbeite heraus, wie der Mut Hannahs und des „Kleinen" wächst. › **4**

**3** Hannah erklärt an anderer Stelle im Roman, warum niemand den Mut hatte, gegen Coolman etwas zu sagen: „Und keiner ist mehr so, wie er vorher war. […] Keiner ist mehr er selbst." (S. 64 und 66).

a) Erläutere, inwiefern Mut etwas mit „Selbstsein" zu tun hat. › **4**

b) Diskutiert in der Klasse, ob der Glaube an Gott mutig macht. › **4**

c) Vergleicht die Mittel, mit denen David kämpft, mit denen von Hannah und dem Kleinen. Beurteilt das jeweilige Vorgehen. › **1**, **4**

d) Im Neuen Testament sagt Jesus einmal: „Liebt eure Feinde …" (Mt 5,44). Diskutiert, ob Davids Verhalten Jesus gefallen hätte. › **1** ; S. 64, **2**

**4** Entwirf eine Fortsetzung der Geschichte von Coolman. › **4**

*plus* **5** „Die Geschichte von David und Goliath ist eine Ermutigung zum Widerstand, aber nicht zur Gewalt." Nimm Stellung.

LEBENSWEGE MIT GOTT

# Davids steile Karriere

### 1 Vom Hirtenjungen zum König

In der Bibel wird Davids Karriere Schritt für Schritt als Aufstieg dargestellt. Von seiner *Jugend als Hirte in Bethlehem*, von seiner geheimnisvollen *Salbung durch Samuel* und seinen Aufgaben am Hof in Gibea als *Harfenspieler und Waffenträger Sauls* haben wir schon gehört. Bald kämpfte der junge Mann dann als *erfolgreicher Krieger mit eigenem Heer*. Er war mit Sauls Sohn Jonatan befreundet und *heiratete Michal*, Sauls Tochter. So war er eng mit Sauls Familie verbunden. Doch politisch wuchs David seinem König allmählich über den Kopf. Seine kriegerischen Erfolge und damit sein Ansehen bei den Leuten wurden immer größer. Es kam immer mehr zum Zerwürfnis zwischen David und Saul. Schließlich machte sich David unabhängig von Saul und war jahrelang als *Heerführer in der Bergwüste zwischen Hebron und dem Toten Meer* unterwegs. Allerdings ist es den biblischen Erzählern wichtig, hervorzuheben, dass David nie persönlich das Leben von Saul und Jonatan bedroht hat. Dass es David aber vor allem um Macht und Einfluss ging, zeigte sich darin, dass er sich sogar zeitweise zu den Philistern absetzte und zusammen mit seinen Männern als *Heerführer für den König der Philister* kämpfte; von dem bekam er dann sogar die Stadt Ziklag; von dort aus unternahm er seine Beutezüge und baute seinen Einfluss aus. Zum Glück konnte er es laut biblischer Erzählung vermeiden, jemals gegen sein eigenes Volk kämpfen zu müssen.

Nach dem Tod von Jonatan und Saul trauerte David um die beiden. Aber war das jetzt auch seine Chance? Tatsächlich wurde David schon bald in Hebron von den Männern aus der Landschaft Juda zum *König über Juda* gesalbt. Damit war er erst mal König über ein Gebiet im Süden des Landes. Einige Jahre später kamen dann auch die Ältesten der Israeliten aus dem Norden nach Hebron und salbten David dort auch zu ihrem König. Nun war er *König über Israel und Juda*.

Jetzt fehlte als letzte Etappe auf der Karriereleiter nur noch eine *geeignete Hauptstadt* für sein Herrschaftsgebiet. Sie sollte zwischen dem Nord- und dem Südreich liegen, sollte dicke Stadtmauern haben und möglichst auf einem Berg liegen. Da kam für David nur Jerusalem in Frage. Doch diese Stadt gehörte den Jebusitern und von ihr hieß es, dass sie uneinnehmbar sei. Doch Davids Soldaten schafften es. Schließlich ließ David auch noch die *Bundeslade mit den Zehn Geboten* in einem feierlichen Zug *nach Jerusalem* holen.
Vgl. 1. Samuel 16 – 2. Samuel 6

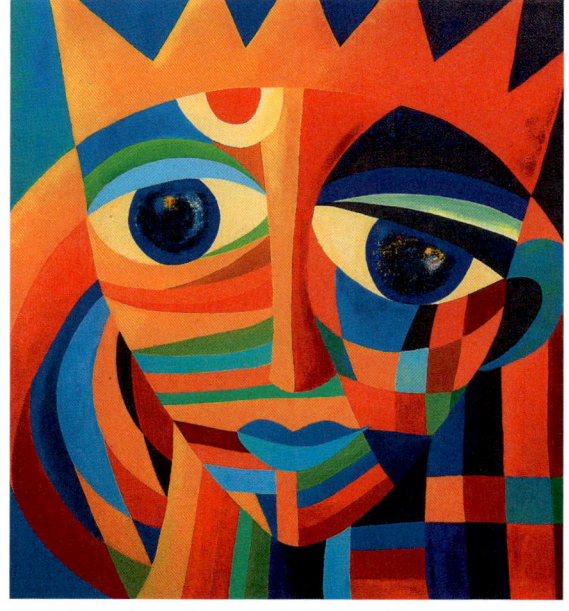

Katrin Hattenhauer (deutsche Malerin und Bürgerrechtlerin; geb. 1968): König David.

## 2 David tanzt

Heinrich Gerhard Bücker (deutscher Bildhauer, Maler und Kalligraph; 1922–2008).

Als die Bundeslade nach Jerusalem gebracht wurde, tanzte David vor ihr her. Das sah seine Frau Michal und machte sich lustig über ihn. Sie fand das ausgelassene Tanzen eines Königs nicht würdig. Doch David
5 sagte zu ihr: „Ich will vor dem HERRN tanzen, der mich erwählt hat, ... um mich zum Fürsten zu bestellen über das Volk des Herrn, über Israel, und ich will noch geringer werden als jetzt ..."

*vgl. 2. Samuel 6,21-22*

1 Lies den Text. Suche die im Text genannten Orte und Gebiete auf der Karte S. 55. Übertrage die Karte umrisshaft in dein Heft und zeichne die Orte und Gebiete ein. › **1**

2 Davids Karriere bis zur Eroberung Jerusalems kann man als eine Treppe darstellen. Zeichne in dein Heft eine Treppe mit zehn Stufen. Schreibe neben die unterste Stufe „David wächst als Hirte in Bethlehem auf." und neben die oberste Stufe „David erobert Jerusalem (Hauptstadt) und lässt die Lade dorthin kommen." Beschrifte nun alle anderen Stufen mit je einem Satz, der die Station auf dem Weg zum Königsthron in Jerusalem kennzeichnet. Tipp: Die im Text kursiv gedruckten Stichworte helfen! › **1**

3 Ein König tanzt für Gott auf dem Höhepunkt seiner Karriere.
   a) Erkläre, warum Michal lacht. Hättest Du an ihrer Stelle auch gelacht? Begründe deine Antwort. › **2**
   b) Vergleiche den Text mit dem Bild. Nenne Gemeinsamkeiten und Unterschiede. › **2**

4 Vergleiche die beiden David-Darstellungen auf dieser Doppelseite.

# Der König auf Abwegen

### 1 David missbraucht seine Macht

David war inzwischen ein mächtiger König, aber nicht immer gebrauchte er seine Macht zum Guten. Eines Tages beging er Ehebruch mit Batseba, der Frau des Soldaten Uria. Als David nun hörte, dass Batseba ein Kind von ihm erwartete, veranlasste er, dass ihr Ehemann im Krieg an einer ganz gefährlichen Stelle kämpfte; er wollte nämlich, dass Uria getötet würde. Und genau das geschah.

vgl. 2. Samuel 11,1-27

### 2 Natan öffnet David die Augen

Zuerst wagte es niemand, dem König sein Unrecht offen ins Gesicht zu sagen. Doch der Prophet Natan wählte eine besondere Art, um dem König seine Schuld vor Augen zu führen. Er erzählte ihm ein Gleichnis (➤ S. 12, 1 ).

„Ein reicher und ein armer Mann lebten in derselben Stadt. Der Reiche hatte sehr viele Schafe und Rinder, der Arme aber besaß nichts außer einem kleinen Lamm, das er erworben hatte. Er versorgte es liebevoll und zog es zusammen mit seinen Kindern groß. Es durfte sogar aus seinem Teller essen und aus seinem Becher trinken, und nachts schlief es in seinen Armen. Es war für ihn wie eine Tochter. Eines Tages bekam der reiche Mann Besuch. Er wollte seinem Gast, der einen weiten Weg hinter sich hatte, etwas zu essen anbieten. Aber er brachte es nicht über sich, eines seiner eigenen Schafe oder Rinder zu schlachten. Darum nahm er dem Armen sein einziges Lamm weg und bereitete es für seinen Besucher zu."

David wurde vom Zorn gepackt und brauste auf: „So wahr der HERR lebt: Dieser Mann hat den Tod verdient! Dem Armen soll er vier Lämmer geben für das eine, das er ihm rücksichtslos weggenommen hat."

2. Samuel 12,1-6 (nach der Bibelübersetzung „Hoffnung für alle")

### 3 Was tun, wenn man Fehler macht?

Es gibt Fehler, die leicht auszubügeln sind. Ein Glas, das einem aus der Hand fällt und kaputt geht, lässt sich ersetzen, aus den Fehlern einer Mathearbeit kann man lernen und
5 für eine dumme Bemerkung gegenüber einem Freund kann man sich entschuldigen. Aber nicht alles lässt sich so leicht wiedergutmachen. Das hat auch David schmerzlich erkennen müssen. Nathans Gleichnis öffnet
10 ihm die Augen. Plötzlich wird ihm klar, was er getan hat.

### 4 Und vergib uns unsere Schuld!

Vergeben – das ist gar nicht so leicht. Um Vergebung zu bitten aber auch nicht. Im Vaterunser ermutigt Jesus zu beidem. Vielleicht kennt ihr die Bitte: „Und vergib uns unsere Schuld, wie auch wir vergeben unsern Schuldigern."
*Matthäus 6,12*

---

1 Setze das Bild auf der linken Seite in Beziehung zu den Texten dieser Einheit.

2 a) Erkläre, was David dazu brachte, Uria zu töten, und bewerte sein Tun.
  b) Nenne Möglichkeiten, wie David anders hätte handeln können.
  c) Nachdem Batseba David erzählt hat, dass sie schwanger ist, fragt dich der König um Rat. Entwirf einen Brief an David. › **1**

3 Interpretiere Nathans Gleichnis. Erläutere, was er David damit sagen wollte. › **2**

4 Die Zehn Gebote (➤ S. 15, **4**) sind wichtige Regeln fürs Leben. Überprüfe, gegen welche Gebote David verstoßen hat.

5 Diskutiert in der Klasse, was man im Leben leicht wiedergutmachen kann und was nicht. › **3**

6 a) Nachdem David Nathans Gleichnis gehört hat, schaut er in den Spiegel. Notiere, was er denken könnte. › **2**
  b) Formuliere ein Gebet, das David sprechen könnte. › **2**

7 Stell dir vor, eine Freundin kommt zu dir und sagt: „Ich hab alles verbockt. So viel Mist, wie ich gebaut habe, da kann mir nicht mal Gott raushelfen." Formuliere eine Antwort.

8 Beurteile, ob Jesu Worte aus dem Vaterunser eine Hilfe für deine Freundin sein könnten. › **4**

9 „to forgive" heißt auf Deutsch „vergeben, verzeihen". Deute das oben abgebildete Kunstwerk (➤ S. 108, M1).

*plus* 10 Verfasse einen Zeitungsartikel für die Jerusalemer Zeitung. Die Überschrift lautet: „Prophet enthüllt Skandal am Hof – Können wir unserem König noch vertrauen?"

## LEBENSWEGE MIT GOTT

# Wie es weiterging ...

Marc Chagall (französischer Maler polnisch-jüdischer Herkunft; 1887–1985): David und Batseba.

### 1 Ein Mensch – viele Gesichter?

David hatte offensichtlich ganz verschiedene Seiten: Die sanfte, die gläubige, die mutige, die kriegerische, die machtsüchtige, die egoistische ...
Das zeigen die vielen biblischen Geschichten über ihn. Der Prophet Nathan hat ihm seine große Schuld vor Augen geführt und David bekennt sein Fehlverhalten und zeigt Reue.
Der Fortgang seines Lebens ist weiterhin ein Auf und Ab. Doch wichtig für David: Gott hat ihn nicht verlassen.
Sein Sohn Salomo wird einmal sein Nachfolger auf dem Thron sein und die Geschichte seines Volkes Israel und aller Menschen wird weitergehen.

### 2 Jesus, der Sohn Davids

Zu Jesu Zeiten war klar: Der Messias, der Heiland, wird einmal aus dem „Hause Davids" kommen. Er muss ein Nachkomme des großen Königs David sein. Jesus wird an vielen Stellen „Sohn Davids" genannt, sein Stammbaum lässt sich auf David zurückführen (Matthäus 1,6 und Lukas 1,26) und er kommt nach biblischer Überlieferung aus der Stadt Davids, Bethlehem.
Die Menschen zur Zeit Jesu hofften, dass ein Messias kommen würde, der die Besatzungsmacht der Römer aus dem Land vertreiben und der Israel wieder zu einem großen, mächtigen Reich machen würde. Doch Jesus hat diese Erwartungen enttäuscht. Jesus verkündet einen Gott, der sogar die Liebe zum Feind fordert. Und anders als David lehnt Jesus die Mittel der Gewalt ab. Er tritt nicht als Heerführer auf, er kämpft nicht mit Gewalt und seine Vorstellungen von einem „Reich Gottes" (▶ S. 18, 2 ; S. 12, 1 ; S. 18, 1 ) sind nicht die von einem davidischen Großreich. Jesu Weg ist anders!

### 3 Lydia erzählt von ihrem Weg mit Gott
Lydia, eine Frau, die straffällig geworden ist, schreibt aus dem Gefängnis:

Wir sind Geschöpfe Gottes. Mit all unseren Fehlern und Schwächen. […] Manchmal verfluche ich mein Leben und insbesondere meine schlechten Eigenschaften, die dazu führten, dass ich hier landete.
5 […] Aber ich weiß, dass ich auch ein Mensch bin mit Ausdauer und Durchhaltevermögen. Jetzt fehlt mir nur noch die Kraft dazu, die sich in diesem Gefängnistrott schnell verliert. Diese Kraft finde ich oft im Gebet mit Gott, denn ich habe immer in Momenten, wo es mir nicht gut ging, gespürt, dass er
10 […] immer bei mir ist. […] Er geht mit mir jeden Weg, sei er auch noch so schwer.

### 4 Befiehl du deine Wege
Der Liederdichter Paul Gerhardt schreibt:

Befiehl* du deine Wege
und was dein Herze kränkt
der allertreusten Pflege
des, der den Himmel lenkt.
5 Der Wolken, Luft und Winden
gibt Wege, Lauf und Bahn,
der wird auch Wege finden,
da dein Fuß gehen kann.

*befehlen = anvertrauen
Evangelisches Gesangbuch, Lied Nr. 361, Strophe 1

### 5 Wohin?
Der evangelische Pfarrer Peter Rostan erzählt von einer Wanderung durch schwieriges Gelände:

Steigeisen aus dem Rucksack holen und unter die Stiefel schnallen. Handschuh runter, den doppelten Achter vor der Brust einfädeln, Handschuhe wieder an. Kritischer Kontrollblick des Bergführers. Es kann losgehen. Aus den vier Wanderern ist eine Seilschaft
5 geworden. Nach lang gezogener Felspassage beginnt endlich der Gletscher. […] Inzwischen hat ein dichtes Schneetreiben eingesetzt. […] Der Freund im Vorstieg muss spuren. Mit Karte und Kompass sucht er den Weg. Wir gehen am langen Seil, mit gut zehn Metern
10 Abstand. Das ist sicherer bei Spaltengefahr. Ich bin froh, als Letzter gehen zu können. Ich habe eine tragfähige Spur, an die ich mich halten kann. In der Kälte fällt mir ein Bibelzitat ein: „Der Herr zog vor ihnen her, um sie den rechten Weg zu führen" (2. Mose
15 13,21). Auf unsicherem Terrain jemanden vor sich zu haben, tut gut. Die Spur gibt Orientierung. Das Seil schafft Sicherheit. Das ist Glaube. In der Spur Gottes gehen und sich von ihm halten lassen.

### 6 Fragen!
Rafaela, eine Schülerin der 5. Klasse, formuliert ihre Zweifel an Gott:

[…] Wenn ich Gott nicht sehen kann, wie weiß ich dann, dass es ihn gibt? Ich denke, Gott gibt es nicht. Fast meine ganzen Freunde glauben an Gott, aber sie können nicht erklären, warum. Wie soll ich
5 dann an Gott glauben???

---

1. Beschreibe das Bild von Marc Chagall und interpretiere es mithilfe deines Wissens über Davids Leben. > **1**
2. Zwischen Jesus und David gibt es Gemeinsamkeiten, aber auch viele Unterschiede. Vergleiche die beiden und arbeite heraus, worin der größte Unterschied liegt. > **2**
3. a) Arbeite aus **3**, **4** und **5** heraus, welche Bedeutung der Glaube an Gott für die Verfasser hat. > **3**, **4**, **5**
   b) Entscheide, welcher Text dich am meisten anspricht. Verfasse einen Brief an den Autor / die Autorin. Formuliere darin die Gedanken und Fragen, die dir beim Lesen gekommen sind. > **3**, **4**, **5**, **6**
4. Suche nach Zitaten zum Thema „Wege mit Gott". Sei mutig und frage deine Eltern, Großeltern, (Religions-)Lehrer, Pfarrerinnen …, was ihnen zum Thema einfällt – persönlich oder als Geschichte von anderen. Schreibt die Zitate auf, sucht oder fertigt Bilder dazu an und gestaltet gemeinsam ein Poster (> S. 110, M3).

LEBENSWEGE MIT GOTT

# Mein Weg mit Gott

### 1 Argumentieren
Die Geschichte des Königs David sollte man kennen! Findest du das auch? Nimm Stellung.

### 2 Recherchieren
Eure Schülerzeitung hat eine Reihe über interessante „Lebenswege" gestartet. Eure Religionsklasse wurde ebenfalls um einen Beitrag zum Thema „Lebensweg mit Gott" gebeten. Wähle eine Person aus, deren Lebensweg mit Gott du beschreiben könntest, am besten jemanden aus deinem Umfeld. Schreibe einen Artikel von einer Seite.

### 3 Beurteilen und dichten
Eine Dichterin beschrieb einmal ihren Lebensweg und ihr Lebensgefühl mit folgendem Gedicht:

> Seiltänzer bin ich
> von Kindesbeinen an
> Links und rechts
> Abgrund
> 5 Schritt für Schritt
> Wagnis
> Aber
> mein Herz ist getrost
> denn es weiß
> 10 um das Netz
> Und dieses Netz
> feinmaschig
> sanftgriffig
> ist unzerreißbar.
> *Gretl Zottmann*

a) Beurteile: Passt das Gedicht auf diese Seite? Begründe deine Entscheidung.
b) Verfasse ein eigenes Gedicht.

### 4 Gestalten

Mein Weg mit/ohne Gott?

**Das brauchst du:**
ein farbiges DIN-A4-Blatt, einen gelben Wollfaden und einen weiteren farbigen Wollfaden.

**So geht's:**
Überlege dir, wie/ob dein Lebensfaden und der Faden Gottes (gelb) in deinem Leben zusammengehören.
Klebe mit einem farbigen Wollfaden die Linie / den Verlauf deines Lebens auf ein Blatt. Ging es immer gerade oder mal bergauf, mal bergab, gibt es Kurven, Verwirrungen …?
Und jetzt kommt der gelbe Faden! Gibt es eine Verbindung? Berühren, verschränken, überlappen sich die Fäden? Klebe nun auch den gelben Faden auf.
Wenn ihr mögt, könnt ihr euch in der Klasse eure Bilder gegenseitig erklären.

### 5 Gedanken festhalten

„Jeder Mensch muss seinen eigenen Weg finden."
Überlege für dich selbst, inwiefern der Glaube an Gott dir hilft, den eigenen Weg zu finden. Schreibe deine Gedanken auf oder male ein Bild dazu.

## Jetzt kann ich ...

… erklären, was ein Symbol ist.

… darstellen, warum der Weg ein Symbol für das Leben ist.

… Gottesvorstellungen anderer Menschen verstehen und meine eigene Vorstellung von Gott in Worte fassen.

… den 23. Psalm auswendig sprechen und ihn als ein Gebet deuten, das Menschen in guten und schweren Zeiten begleitet.

… verschiedene Sorten von Psalmworten unterscheiden und benennen.

… reflektieren, warum Menschen Zweifel oder Vertrauen gegenüber Gott empfinden.

… Davids Lebensgeschichte beschreiben und die Entstehung seines Königtums (nach biblischer Überlieferung) darstellen.

… Davids Erfahrungen mit meinem eigenen Leben vergleichen.

… über meinen eigenen Weg mit/ohne Gott reflektieren.

… Davids Taten beurteilen.

# Von Gott erschaffen

> Du stellst meine Füße auf weiten Raum.
> **Psalm 31,9**

> Wenn ich das Wunder eines Sonnenuntergangs oder die Schönheit des Mondes bewundere, weitet sich meine Seele.
> **Mahatma Gandhi**

> Das Große ist nicht, dies oder das zu sein, sondern man selbst zu sein.
> **Søren Kierkegaard**

# WELT
## wahrnehmen

> Wandelt mit den Füßen auf der Erde: mit den Herzen aber seid im Himmel.
> **Don Giovanni Bosco**

> Es gibt zwei Arten, sein Leben zu leben: entweder so, als wäre nichts ein Wunder oder so, als wäre alles ein Wunder. Ich glaube an Letzteres.
> **wird Albert Einstein zugeschrieben**

1 Beschreibe das Bild und setze es in Beziehung zu der Überschrift „Von Gott erschaffen."
2 Wähle aus den Zitaten das aus, das dir am besten gefällt. Begründe deine Entscheidung.

VON GOTT ERSCHAFFEN

# Ich empfange mein Leben

© Jörgen Habedank (deutscher Maler; geb. 1961).

### 1 Wunder des Lebens

➤ S. 50, 2

Ich danke dir dafür, dass ich wunderbar gemacht bin. *Psalm 139,14*

Siehe, in die Hände habe ich dich gezeichnet. *Jesaja 49,16*

Von allen Seiten umgibst du mich und hältst deine Hand über mir. *Psalm 139,5*

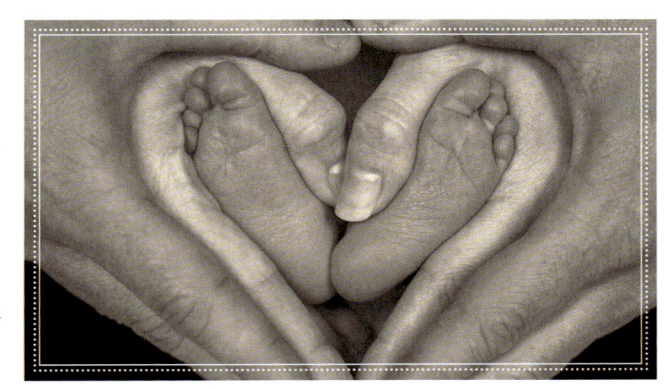

---

Für einen Moment hielt der Himmel den Atem an
und ein neuer Stern erstrahlt.

Wir freuen uns über die Geburt unserer Tochter

# Charlotte

\* 6. Februar 2017

Kathrin und Thomas Müller mit dem großen Bruder Till

Augsburg, im Februar 2017

---

1. a) Beschreibe das Bild von Jörgen Habedank.
   b) Stelle eine Beziehung her zwischen dem Satz „Ich empfange mein Leben" und den Figuren.
   c) Bildet Dreiergruppen und baut Standbilder, die das ausdrücken, was ihr in dem Bild seht (➤ S. 111, M5).
2. Wähle aus den biblischen Aussagen die aus, die dir am besten gefällt. Begründe deine Entscheidung. ➤ 1
3. Das Bild mit den Babyfüßchen ist eine Kunstfotografie. Arbeite seine Aussage heraus (➤ S. 108, M1).
4. „Für einen Moment hielt der Himmel den Atem an und ein neuer Stern erstrahlt": Erkläre, warum Charlottes Eltern diesen Satz für ihre Geburtsanzeige ausgewählt haben.

# Schöpfung als Gabe und Aufgabe

Emil Nolde (deutscher Maler; 1867–1956): Tropensonne, 1914.

### 1 Psalm 104,24
HERR, wie sind deine Werke so groß und viel! Du hast sie alle weise geordnet, und die Erde ist voll deiner Güter.

### 2 Aus dem Sonnengesang des heiligen Franziskus
Gelobt seist du, mein Herr, mit allen deinen Geschöpfen, besonders dem Herrn Bruder Sonne, der uns den Tag schenkt und durch den du uns leuchtest. Und schön ist er und strahlend mit großem Glanz: von dir, Höchster, ein Sinnbild.

### 3 Psalm 119,105
Dein Wort ist meines Fußes Leuchte und ein Licht auf meinem Wege.

### 4 Ich finde dich in allen diesen Dingen
Ich finde dich in allen diesen Dingen,
denen ich gut und wie ein Bruder bin;
als Samen sonnst du dich in den geringen
und in den großen giebst du groß dich hin.

Das ist das wundersame Spiel der Kräfte,
dass sie so dienend durch die Dinge gehn:
in Wurzeln wachsend, schwindend in die Schäfte
und in den Wipfeln wie ein Auferstehn.

*Rainer Maria Rilke*

## 5 Verantwortung übernehmen: Ein Fischer auf der italienischen Insel Lampedusa erzählt

2011 kamen so viele Flüchtlinge hier an, dass sie sogar im Hafen übernachten mussten. Als ich abends eingelaufen bin, bat mich ein Junge um Fische für sich und seinen Freund. Sie waren um die
⁵ 16 Jahre alt, wie meine Söhne. Sie hatten seit drei Tagen nichts gegessen. Ich habe ihnen gesagt: „Ihr bekommt keinen Fisch, ihr bekommt ein Zuhause." Meine Frau hat für sie gekocht. […] Sie schliefen im Zimmer meiner Söhne. Sie hießen Iheb und Sabri
¹⁰ und nannten uns „Mama" und „Papa". Eine Woche sind sie geblieben. Nicht die Not hat Iheb hierher getrieben, er stammte aus einer reichen Familie. […] Seine Eltern waren geschieden, er wollte zu seiner Mutter, die in Nizza lebt. Er hatte sie seit drei
¹⁵ Jahren nicht gesehen, als Minderjähriger durfte er nicht auf eigene Faust ausreisen […]. Der Junge hat sein Leben riskiert, um hierher zu kommen. Dafür verdient er meinen Respekt. Ob auf der Flucht vor Krieg, Hunger, Armut, aus Leichtsinn oder weil er
²⁰ seine Mutter vermisst? Mir ist das egal. Niemand läuft von zu Hause weg, wenn es ihm gut geht. […] Iheb hat zum Abschied gesagt: „Alles, was ich trage, ist von euch, mein Hemd, meine Hosen und Unterhosen. Das Einzige, was von mir ist, ist mein Koran."
²⁵
Er hat ihn uns geschenkt.

*Vincenzo Billeci, Fischer auf Lampedusa*

---

1. Lies in der Bibel Ps 104 bis zum Vers 28. Gestalte zu Versen deiner Wahl ein Bild, zu dem die Überschrift „Lob des Schöpfers" passt. ➤ **1**
2. Beschreibe die Gefühle, die ein Sonnenaufgang in dir auslöst.
3. a) Beschreibe das Bild S. 72 und setze es in Bezug zu seinem Titel (➤ S. 108, M1).
   b) Stelle Vermutungen darüber an, warum die vorherrschende Farbe Rot ist (➤ S. 108, M1).
4. Informiert euch in Partnerarbeit im Internet über das Leben von Franziskus von Assisi und gestaltet dazu eine Präsentation. ➤ **2**
5. Arbeite heraus, wie Franziskus von Assisi die Sonne sieht. ➤ **2**
6. Finde heraus, was die Texte auf S. 72 gemeinsam haben. ➤ **1**, **2**, **3**, **4**
7. Gib wieder, wie Vincenzo Billeci und seine Frau Verantwortung übernommen haben. ➤ **5**
8. Erläutere, wofür ein gedeckter Tisch steht.

VON GOTT ERSCHAFFEN

# Ich glaube ... – Glaube ich?

### 1 Woran glaube ich?

„Ich glaube, dass du das richtig gut machen wirst!" Aber ich habe einfach echt Angst, dass ich den Aufsatz heute schlecht schreiben werde. Ich habe das mit dem
5 spannenden Erzählen noch nie richtig gekonnt. Schon in der Grundschule war das nicht meins. Mathe kann ich viel besser.
Aber heute schreiben wir diese blöde Deutscharbeit in der ersten Stunde und ich
10 hatte gestern Abend schon Bauchschmerzen. Als ich heute Morgen aufgestanden bin, musste ich auch wieder sofort an diese Arbeit denken. Hoffentlich schaffe ich das … Es gibt mit meinen Eltern zwar nicht
15 richtig Stress bei schlechten Noten, aber toll ist das auch nicht. Und meine Schwester ist ja eh viel besser als ich in Deutsch.
Nach dem Frühstück sagte meine Mutter: „Ich glaube, dass du das richtig gut machen
20 wirst!", und dann noch, dass ich nur daran glauben müsse.
Aber das ist ja manchmal ganz schön schwer, oder?

### 2 Das Apostolische Glaubensbekenntnis: Erster Glaubensartikel

Ich glaube an Gott, den Vater,
den Allmächtigen,
den Schöpfer des Himmels und der Erde.

*Apostolisches Glaubensbekenntnis, Artikel 1*

### 3 Bekenntnis der Schülerin Jana

Ich möchte glauben.

Manchmal sehe ich, dass so vieles kaputt ist, in der Welt, in den Beziehungen, bei mir selbst. Trotzdem möchte ich glauben, dass noch nicht alles verloren
5 ist in der Welt, in den Beziehungen, bei mir. Ich möchte glauben an Dich, – Gott!

Ich möchte glauben.

Manchmal sehe ich, wie schnell wir miteinander fertig sind, beeinflusst von Vorurteilen und Enttäu-
10 schungen. Trotzdem möchte ich glauben an Jesus, der mit Menschen anders umgegangen ist, der zu allen „Ja" gesagt hat, egal, wer sie waren und wie sie waren.

Ich möchte glauben.

15 Oft spüre ich, dass mir die Luft ausgeht, dass mir Kraft und Lust fehlen, mich aufzuraffen. Trotzdem möchte ich glauben, dass wir keine hoffnungslosen Fälle sind, dass wir auch anders können: dass wir uns von der Liebe anstecken lassen, die nicht aufgibt.

20 Das alles möchte ich glauben: nicht allein, sondern mit möglichst vielen von euch.

*Projekt Schulgottesdienst*

### 4 Bekenntnis des Schülers Leonard

O Gott!

Wir schaffen es, uns auch von dir falsche Bilder zu machen.

- Mit deinem Namen haben Menschen schon entschuldigt, was sie anderen Menschen angetan 5 haben.

Deinen Namen mögen viele schon nicht mehr hören. Ich glaube, dass du uns anders ansiehst.
- Du presst uns nicht in ein Bild. 10
- Du nagelst uns nicht an unseren Fehlern fest.
- Du nimmst uns so an, wie wir sind.
- Wie du uns ansiehst, das ist so wunderbar anders.
- Wenn wir dir selbst Raum geben in unserem Leben, dann können auch wir es schaffen, uns an- 15 ders anzusehen.
- Das glaube ich. Für mich und alle Menschen.

*Projekt Schulgottesdienst*

---

1 „Ich glaube, dass du das richtig gut machen wirst!" Benenne Situationen in deinem Alltag, in denen du solche positiven Sätze gehört hast. Setze dich damit auseinander, ob sie dazu geführt haben, dass du mehr an dich glauben konntest. > **1**

2 a) Nenne aus dem ersten Artikel des Apostolischen Glaubensbekenntnisses die Schlüsselbegriffe. > **2**

   b) Lernt den ersten Artikel des Apostolischen Glaubensbekenntnisses auswendig und tragt ihn euch gegenseitig vor.

3 Erkläre, was ein Vereinsschal und ein Kreuzanhänger an einer Kette gemeinsam haben.

*plus* 4 Erkläre, was die Bilder mit den Texten auf dieser Doppelseite gemeinsam haben.
> **1**, **2**, **3**, **4**

5 Arbeite heraus, warum Jana immer sagt, dass sie glauben *möchte* – und nicht einfach, dass sie *glaubt*. > **3**

6 Arbeite heraus, was Leonards Bekenntnis vom ersten Glaubensartikel des Apostolischen Glaubensbekenntnisses unterscheidet. > **2**, **4**

*plus* 7 Wozu bekennst du dich? Schreibe dein ganz persönliches Bekenntnis.

## VON GOTT ERSCHAFFEN

# Wie ist das mit dem Glauben?

### 1 Was bedeutet Glauben?

Glaube(n) meint das unerschütterliche **Vertrauen** auf Gott. Es ist das Fundament, das Menschen Sinn und Halt für ihr ganzes Leben gibt. Von solchem Vertrauen erzählt schon das Alte Testament […]. Im Neuen Testament wird es zum beherrschenden Thema. Es wird dort in verschiedener Weise entfaltet:

(1) Jesus weckt in den Menschen, die ihm begegnen, das Vertrauen, dass er helfen […] kann […]. In der Begegnung mit Jesus spüren die Menschen Gottes Nähe, seine rettende Zuwendung; deshalb »glauben« sie ihm.

[…]

(4) Schon zu Lebzeiten von Jesus […], aber vor allem in der Zeit nach Ostern […] gehört zum Glauben auch das »Glaubensbekenntnis« […]. In ihm sprechen die frühen Christen in geprägten Wendungen aus, was sie glauben. […]. Die Grundbedeutung von Glaube als »Vertrauen« bleibt jedoch immer erhalten. Es geht also auch hier nicht um das Fürwahr-Halten bestimmter Tatsachen, sondern um das Sichverlassen auf das Handeln Gottes, von dem die betreffenden Bekenntnissätze sprechen (für den Glauben an Gott als Schöpfer […]).

*Mario Reinhardt*

### 2 Martin Luther zum Glaubensbekenntnis

Martin Luther setzt sich mit dem ersten Glaubensartikel auseinander und versucht, ihn zu erklären, indem er die folgende Frage stellt und sie beantwortet: Was ist das?

Ich glaube, dass mich Gott geschaffen hat samt allen Kreaturen, mir Leib und Seele, Augen, Ohren und alle Glieder, Vernunft und alle Sinne gegeben hat und noch erhält; dazu Kleider und Schuh, Essen und Trinken, Haus und Hof, Weib und Kind, Acker, Vieh und alle Güter; mit allem, was not tut für Leib und Leben, mich reichlich und täglich versorgt, in allen Gefahren beschirmt und vor allem Übel behütet und bewahrt; und das alles aus lauter väterlicher, göttlicher Güte und Barmherzigkeit, ohn all mein Verdienst und Würdigkeit: für all das ich ihm zu danken und zu loben und dafür zu dienen und gehorsam zu sein schuldig bin.

Das ist gewisslich wahr.

*Der Kleine Katechismus*

Martin-Luther-Denkmal auf dem Marktplatz in Eisleben (Sachsen-Anhalt) mit dem Turm der St.-Andreas-Kirche im Hintergrund.

### 3 Gott

Worauf du nun dein Herz hängst und verlässest, das ist eigentlich dein Gott.

*Martin Luther*

**ZUR SACHE**

### 4 Martin Luther (➤ S. 32, 1)

Martin Luther wurde am 10. November 1483 in Eisleben geboren. Nach der Schule studierte er Jura. 1505 trat er dem Orden der Augustiner-Eremiten in Erfurt bei, wurde später Priester, Doktor und Professor der Theologie in Wittenberg und lehrte Studenten. Luther befasste sich viel mit den Inhalten der Bibel und kam zu dem Schluss, dass nur der Glaube der Weg zu Gottes Gnade ist, nicht Taten. In 95 Thesen hielt er seine Meinung fest. Vielen Kirchenoberen der damaligen Zeit aber gefiel Luthers Lehre nicht und sie verlangten von ihm, er solle sie widerrufen. Dies tat Luther aber nicht und wurde daraufhin für vogelfrei erklärt, das heißt, jeder durfte ihn töten, ohne bestraft zu werden. Friedrich der Weise schützte ihn, indem eine Entführung vorgetäuscht und Luther dann auf der Wartburg versteckt wurde. Dort übersetzte er das Neue Testament in ein einfaches Deutsch, damit die Menschen selbst kennenlernen konnten, was in der Bibel steht. Luther wollte mit seinen Predigten und Lehren die Kirche reformieren (erneuern) und arbeitete daran bis zu seinem Tod am 18. Februar 1546.

**ZUR SACHE**

### 5 Der Kleine Katechismus

Der Kleine Katechismus war die am weitesten verbreitete Schrift Luthers zu seinen Lebzeiten. Sie erschien bis zu seinem Tod 1546 in mehr als 60 Ausgaben. Mit ihm lernte man in der Schule lesen und schreiben und er ist bis zum heutigen Tag das Grundbuch des evangelischen Glaubens.

*Christiane Schulz*

---

1 „Glaube(n) meint das unerschütterliche Vertrauen auf Gott. Es ist das Fundament, das Menschen Sinn und Halt für ihr ganzes Leben gibt." Setze dich mit dem Inhalt der Sätze auseinander und gestalte eine Mindmap (➤ S. 109, M2) dazu. Vergleiche sie mit der eines Mitschülers oder einer Mitschülerin. ➤ 1

2 Gib dem Bild S. 76 einen Titel.

3 Beschreibe das Bild oben. Achte dabei auch auf Details wie Kleidung, Körperhaltung und Gesichtsausdruck (➤ S. 108, M1).

4 Lies 4 aufmerksam Satz für Satz. Halte die Informationen in einer Mindmap fest (➤ S. 109, M2).

5 a) Gestalte ein Bild zu Luthers Auslegung des ersten Glaubensartikels. ➤ 2

*plus*    b) „Ich diene Gott, damit er mich vor allem Übel bewahrt."
„Ich diene Gott, weil er mich vor allem Übel bewahrt."
Welchen der beiden Sätze könnte Luther gesagt haben? Begründe deine Meinung. ➤ 2

6 Formuliere mit eigenen Worten, wer oder was für Luther Gott ist. ➤ 3

7 Formuliere Luthers Auslegung des ersten Glaubensartikels mit eigenen Worten. ➤ 2

## Warum? Menschen fragen im Leid nach Gott

**1 Psalm 22,2**

Mein Gott, mein Gott, warum hast du mich verlassen? Ich schreie, aber meine Hilfe ist ferne.

**2 Unendliche Güte?**

Heute hatte sie, nicht ohne Gott dafür um Verzeihung zu bitten, diesen einen Tag aus der strengen Fastenzeit herausgelöst. Sollte doch ein Kind ins Haus kommen, noch dazu ein gewiss halb verhungertes.

„Weißt du", sagte sie dem lieben Gott, als sei dieser ganz und gar nicht allwissend, „weißt, das Büble hat eigentlich immer Fastenzeit gehabt, auch wenn du in deiner allmächtigen Güte keine Fastenzeit vorgeschrieben hast." Sie stützte die rechte Hand auf den Küchentisch, sah zum Topf auf dem Herd, in dem das Fleisch schmorte, und sagte mit tonloser Stimme: „Allmächtige Güte." Nein, so sagte es der Pfarrer nicht. Wenn es beispielsweise zur rechten Zeit geregnet hatte, sagte er: Und nun wollen wir Gott, unserem Herrn, danken, dass er uns in seiner unendlichen Güte Regen spendet. *Unendliche* Güte hieß es, so sagte man. Die Fini hatte das oft gehört, von Kindesbeinen an, und oft nachgeplappert, aber heute, da das magere Tiroler Büble noch gar nicht im Haus war, spürte sie, dass es da irgendeinen Bruch gab. Dass Gott gütig war, wollte sie nicht bezweifeln, trotz der vier Kinder, die ihr gestorben waren, aber das *unendlich*, stimmte das? Wenn es stimmte, dann musste Gottes Güte doch auch bis Tirol reichen, damit die Leute dort genug zu essen hatten. Die Kinder kamen aber jedes Jahr, solange sie sich erinnern konnte, ins Schwabenland. Und jedes Jahr kamen sie gleich abgerissen und ausgezehrt.

*Othmar Franz Lang*

Othmar Franz Lang
**Hungerweg**
Das Schicksal der Schwabenkinder

Ein Junge arbeitet in einer Topffabrik in Dhaka, Bangladesch (15.6.2016).

1. Lies Ps 22,1-21 in der Bibel. Nenne die Themen, die in dem Psalm zum Ausdruck gebracht werden. > 1
2. Vergleiche die Sicht auf Gott in Ps 22 mit dem ersten Glaubensartikel des Glaubensbekenntnisses (> S. 74, 2). Diskutiert im Klassengespräch eure Feststellungen und Fragen. > 1
3. Gestaltet gemeinsam einen Psalmweg (> S. 111, M4) zu Ps 22 mit Textauszügen, selbstgemalten Bildern, szenischen Darstellungen, Standbildern (> S. 111, M5), Klängen und/oder Musik. > 1
4. Die „Finitante" wird ein sogenanntes „Schwabenkind" aufnehmen. Setzt euch in Partnerarbeit mit ihren Überlegungen zu Gottes „unendlicher Güte" auseinander. Schreibt eure Gedanken dazu auf. > 2
5. Kinderarmut und Kinderarbeit sind auch heute nichts Ungewöhnliches. Recherchiert dazu in arbeitsteiligen Kleingruppen die Arbeit von „Plan", „UNICEF", „UNHCR" und „Brot für die Welt". > 2
6. Stell dir vor, du könntest dich mit dem Jungen auf dem Bild oben unterhalten. Schreibe ein Gespräch zwischen euch in dein Heft.

# Kann ich mich auf Gott verlassen?

## 1 Warum greift Gott nicht ein?

Warum greift Gott nicht in die Probleme der Menschen ein? Zuallererst müssen wir diese Frage ernst nehmen, allzu oft ist sie ja auch unsere Frage. Wenn wir beten, dass jemand in großer Gefahr überleben
5 möge, dass die Opfer des Erdbebens nicht an Hunger und Kälte sterben, ahnen wir allzu oft, dass diese Bitte nicht erfüllt werden wird. Die Antwort auf diese Frage ist nicht leicht. Wovon ich überzeugt bin: Beten ist nicht vergeblich. Andere spü-
10 ren, dass wir an sie denken; eine durchbetete Welt ist eine veränderte. Und die Fürbitte für andere verändert auch mich, weil ich nicht bei mir selbst hängen bleibe.
Schließlich: Gott hört unsere Gebete, daran halte ich unerschütterlich fest. Aber Gott kann nicht 15 alles Unrecht der Menschen, die den Verunglückten in New Orleans schneller helfen als denen in Kaschmir, beiseite fegen. Wir können nicht frei sein wollen und Gott dann das Unglück in die Schuhe schieben. Besonders bewusst geworden ist mir die- 20 se widersprüchliche Haltung bei zwei Flugzeugunglücken 2005: Als in Kanada ein Flugzeug von der Landebahn abkam und alle Insassen vor dem zerstörerischen Feuer gerettet wurden, galt das ganze Lob der Crew. Als wenig später ein Flugzeug ab- 25 stürzte und niemand überlebte, wurde gefragt, wie Gott so etwas zulassen kann. Die Menschen sind wählerisch, wenn sie Verantwortung verteilen.

*Margot Käßmann*

Karl Biedermann (deutscher Bildhauer und Künstler; geb. 1947): „Für Dietrich Bonhoeffer". Skulptur vor der Zionskirche in Berlin.

## 2 Kummer teilen

Ich bin allein. Da ist keiner, dem ich mein Herz ausschütten kann. So tue ich es vor mir selbst und vor dem Gott, zu dem ich schreie. Es ist gut, sein Herz auszuschütten in der Einsamkeit und den Kummer nicht in sich hineinzufressen.

*Dietrich Bonhoeffer in einer Predigt, die er am 2. Juni 1935 in der Zingster Peter-Pauls-Kirche gehalten hat*

## 3 „Wie sehe ich aus?", fragte Gott

„Wie sieht Gott aus?", fragte Gott dann auch noch den Regenbogen.

„Ein unvorstellbar humorvoller Zauberer", sagte der Regenbogen. „Wenn es lange regnet, schenkt er seinen Geschöpfen mit meinem Farbenspiel wieder Hoffnung. Aus winzigen Regentropfen und einem langweiligen weißen Licht erschafft er mich.

Er ist der Meister des Sichtbaren und Unsichtbaren. Wohin man nur schaut, der reinste Zauber: die Jahreszeiten, die Vulkane, die Ozeane, die Wüsten und Wälder. Ist das nicht Beweis genug? Und wäre er nur ein Zauberer, so hätte ich nicht so von ihm geschwärmt. Er aber erhöht die Schönheit seiner Vorstellung mit der Weisheit ihres Endes.

Ohne Ende würde jeder Zauber das Zauberhafte verlieren. Nur weil ich verschwinde, wird meine Anwesenheit so unendlich schön. Nur weil das Leben aller Geschöpfe ein Ende hat, kann es im Augenblick diese kostbare Schönheit entfalten.

Ich habe das Gefühl, Er selbst endet und erfindet sich immer wieder neu. Deshalb ist er die vollkommene Schönheit."

*Rafik Schami*

---

1 Bildet Gruppen von jeweils vier Schülerinnen und Schülern. Schaut zwei Minuten ganz intensiv das Bild S. 80 an, ohne zu reden. Tauscht euch dann gegenseitig darüber aus, welche Gedanken euch beim Betrachten des Bildes gekommen sind. Baut ein Standbild (▶ S. 111, M5), das einen oder mehrere dieser Gedanken sichtbar macht.

2 Gib wieder, worum es in dem Text von Margot Käßmann geht. ▶ 1

3 Nimm Stellung zu der Aussage: „Wir können nicht frei sein wollen und Gott dann das Unglück in die Schuhe schieben." ▶ 1

4 Arbeite heraus, mit wem Dietrich Bonhoeffer seinen Kummer teilt. ▶ 2

5 a) Recherchiere über Dietrich Bonhoeffers Leben. Finde dabei heraus, warum die oben abgebildete Skulptur gerade vor der Berliner Zionskirche steht – und warum sich ein Zweitguss des Kunstwerks in Wroclaw (Breslau), Polen, befindet.
   b) Beschreibe die Skulptur „Für Dietrich Bonhoeffer" (▶ S. 108, M1). Achte dabei auch darauf, was „fehlt".
   c) Woran erinnert dich die Skulptur?
   d) Deute die Skulptur, indem du einen Bezug zwischen dem Kunstwerk und der Person Bonhoeffers herstellst.

6 a) Gib den fünf Abschnitten des Textes 3 eine Überschrift.
   b) Ein Gedankenexperiment: Stell dir vor, Gott stellt dir die Frage „Wie sehe ich aus?" Schreibe eine Antwort. ▶ 3 ; ▶ S. 48, 1

## VON GOTT ERSCHAFFEN

# Schöpfung in der Bibel

Werner Steinbrecher (deutscher Maler; 1946–2008) hat diese Bilder für den „Schöpfungsweg" gemalt. Der „Schöpfungsweg" ist ein 5,8 km langer Besinnungsweg (▶ S. 14, 3 ), der von Ebstorf nach Melzingen (Niedersachsen) führt. Die Bilder sind jeweils am Wegrand aufgestellt.

**1** Lies in der Bibel 1. Mose 1,1-2,4a.

a) Gib jedem Abschnitt eine Überschrift.
b) Vergleiche die einzelnen Schritte der Schöpfung, so wie sie in dem Bibeltext erzählt werden, mit dem, was die Naturwissenschaften zur Weltentstehung herausgefunden haben. Stellt dazu gemeinsam einen Fragenkatalog zusammen, den ihr im Natur-und-Technik-Unterricht abarbeiten wollt.
c) Arbeite aus dem Text die Rolle des Menschen in der Schöpfung heraus.
d) „Die Autoren dieses Textes haben den Sonntag und die Ferien erfunden." Nimm kritisch Stellung zu dieser Aussage.

**2** a) Vergleiche den Bibeltext mit den Bildern des „Schöpfungsweges" von Werner Steinbrecher. Nenne sowohl Gemeinsamkeiten als auch Unterschiede.

*plus* b) Vergleiche die einzelnen Bilder des Schöpfungsweges hinsichtlich der Art, wie sie gemalt sind, und deute dein Ergebnis. Bitte bei der Bearbeitung dieser Aufgabe deine Kunstlehrerin/deinen Kunstlehrer um Tipps. (▶ S. 108, M1)

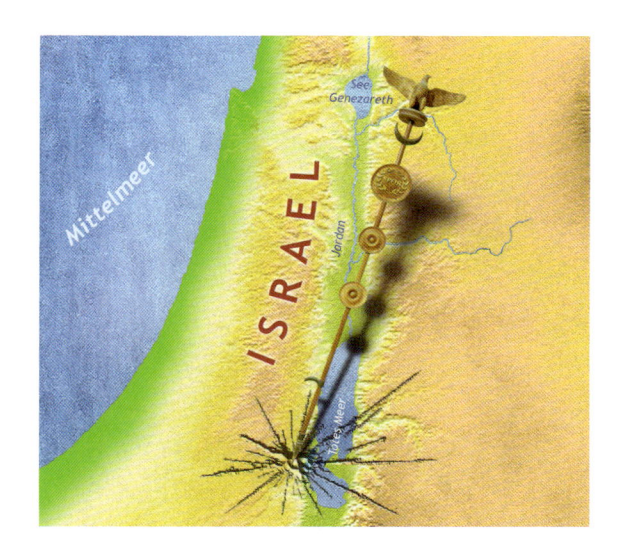

## 1 Der Mensch, Abbild Gottes?

Und Gott sprach: Es sollen Menschen werden
nach unserem Bild, nach dem Gleichnis Gottes.
Sie sollen herrschen über die Fische des Meeres,
über die Vögel des Himmels und das Vieh
und über alle Kriechtiere auf dem Erdboden.  5
Und es schuf Gott den Menschen nach seinem Bild.
Als Gottes Abbild schuf Gott ihn.
Als Mann und Frau schuf Gott sie,
und Gott segnete sie und sprach zu ihnen:
Seid fruchtbar und werdet zahlreich,  10
bevölkert die Erde und macht sie zu eurem Zuhause,
herrscht gerecht über die Fische im Meer,
über die Vögel am Himmel und die Tiere auf dem Land.

*1. Mose 1,26 – 28, erzählt von Rainer Oberthür*

## 2 Der Mensch und das Paradies

Die sogenannte ältere Schöpfungserzählung – das ist die Geschichte von Adam und Eva und ihrer Vertreibung aus dem Paradies – findest du in der Bibel in 1. Mose 2,4b-3,24. Darauf bezieht sich der folgende Text.
5 Das ist die Geschichte vom Garten Gottes, vom Paradies. Die Menschen träumen auch heute noch von solcher Geborgenheit bei Gott. Was einmal war im Anfang vor aller Zeit, soll einmal wiederkommen am Ende der Zeiten.
10 Ein kreisrunder Garten mit vier Flüssen in alle Himmelsrichtungen, das ist die ganze Welt. In der Mitte stehen der Baum des Lebens und der Baum der Erkenntnis von Gut und Böse. Das ist ein heiliger Ort, der die Welt zusammenhält. Diese Mitte des Gartens
15 ist genauso verlockend wie verboten für die Paradiesmenschen, die noch wie Kinder sind. Weil der Mensch nach Gottes Bild geschaffen ist, weiß Gott, dass der Mensch wie Gott sein will, aber nicht Gott ist.
So muss es trotz der Warnungen Gottes kommen, wie es kommt: Die Menschen entwickeln sich, über- 20 schreiten ihre Grenzen und lernen das Gute und das Böse kennen. Die Menschen werden erwachsen …
Nun lebt der Mensch nicht mehr im Paradies. Aber wäre er dort auf Dauer glücklich geworden? Wäre er frei gewesen? Wie ein Säugling ständig die Mutter 25 und den Vater braucht, so ist der Mensch am Anfang ganz abhängig von Gott. Aber er muss hinaus in die Welt, Vater und Mutter verlassen, zwischen Gut und Böse immer wieder selbst entscheiden und seinen Platz in der Welt finden. Die Geschichte erzählt von 30 dieser notwendigen Entwicklung des Menschen und von der Entdeckung seiner Grenzen: Der Mensch ist frei in der Entscheidung, aber er ist nicht Gott.

*Rainer Oberthür*

3 a) Eine römische Standarte auf einer Landkarte: Erkläre, was dadurch ausgedrückt wird.
b) Erkläre, was die Landkarte mit der Standarte mit **1** zu tun hat. > **1**

4 a) Lies 1. Mose 2,4b-3,24. Vergleiche diese Schöpfungserzählung mit der Erzählung 1. Mose 1,1-2,4a. Nenne Gemeinsamkeiten und Unterschiede.
b) Arbeite aus Rainer Oberthürs Text heraus, wie er die Geschichte von der Vertreibung aus dem Paradies deutet. > **2**

5 Setze die Inhalte der beiden Schöpfungserzählungen in Beziehung zu dem ersten Glaubensartikel (> S. 74, **2**), indem du aufschreibst, was Christen im Einzelnen meinen, wenn sie vom „Schöpfer des Himmels und der Erde" sprechen.

VON GOTT ERSCHAFFEN

# Schöpfung und Weltentstehung

## 1 Gott als Schöpfer

Mika legte den Stein oben auf den Steinhaufen. Jetzt hat er auch mit dran gebaut, dachte ich.

„Glaubst du, dass alles von selbst entstanden ist", fragte ich. „Oder glaubst du, dass es einen Gott gibt, der alles erschaffen hat?"

„Keine Ahnung", sagte Mika. „Aber ich glaube nicht, dass die Dinosaurier solche Fragen gestellt haben. Und die alten Mumben auf Eljo haben das auch nicht getan."

Jetzt musste ich lächeln und hätte fast losgelacht. „Aber wir tun es", sagte ich. „Und auch darin sind wir uns ähnlich."

Mika lächelte jetzt genauso breit. Und dann sagte er etwas, was ich seither nie wieder vergessen habe:

„Wenn es einen Gott gibt, wer ist er dann? Und wenn es keinen Gott gibt, was ist dann das Universum?" Ich musste über diese Frage lange nachdenken. Wenn es einen Gott gibt, der das ganze Universum erschaffen hat, wer ist er dann? Oder was?

Oder wo? Und wenn das Universum gewissermaßen auf eigenen Füßen steht, was ist dann das Universum? „Was glaubst du?", fragte ich. Mika verneigte sich tief. Er sagte: „Ich bin mir nicht so sicher, ob das Universum ein Zufall ist." „Aber glaubst du, es gibt einen Gott, der alles erschaffen hat?" Wieder verneigte er sich. „Kannst du versprechen, dass du eine Antwort als Antwort hinnimmst?"

„Ja, sicher", sagte ich sehr laut und deutlich. Ich hatte begriffen, dass ich die Antwort nur als Antwort nehmen sollte. Damit wollte er sagen, dass eine Antwort viel weniger wert ist als eine Frage.

Aus seinen Augen schienen Funken zu sprühen. Er sagte: „Ein Planet kreist aufgrund der Schwerkraft um die Sonne. Und der Mond zieht das Meer an, und so entstehen Ebbe und Flut."

Das wusste ich sehr wohl. Aber dann sagte er: „Meinst du nicht, dass es auch eine Kraft geben muss, die uns aus dem Meer gezogen und uns Augen zum Sehen und einen Kopf zum Denken gegeben hat?" Ich wusste nicht, was ich sagen sollte, und deshalb zuckte ich nur mit den Schultern. „Ich wüsste gern, ob denen, die es nicht glauben, ein wichtiger Sinn fehlt", sagte Mika ganz zum Schluss.

*Jostein Gaarder*

## ZUR SACHE

### 2 Schöpfungserzählungen in der Bibel

Im Alten Testament gibt es zwei Schöpfungserzählungen. Die jüngere Erzählung (1. Mose 1,1-2,4a) ist im 6. Jahrhundert vor Christus entstanden, als sich viele der gebildeten Menschen aus dem Volk Israel
5 in der babylonischen Gefangenschaft befanden. Dort erfuhren sie viel über das Weltbild der Babylonier, wovon sie einiges in diese Schöpfungserzählung einbezogen haben, z.B. die Vorstellung, die Erde sei eine von den Ozeanen umspülte Scheibe,
10 über die sich das halbkugelförmige Firmament mit Sonne, Mond und Sternen wie eine „Käseglocke" wölbe. Die Paradiesgeschichte (1. Mose 2,4b-3,24) ist (wahrscheinlich mehrere Jahrhunderte) älter; die Forscher wissen noch nicht, wann genau sie
15 aufgeschrieben wurde.

### 3 Märchen im Gegensatz zu Logik?

Die Welt in sieben Tagen erschaffen? Ich glaube, das ist ein Märchen. Ich bin da eher für die Naturwissenschaft, das ist logischer. Die Welt hat sich entwickelt, das ist bewiesen.

*Lukas, 7. Klasse*

### 4 Woher kommt die Welt?

Wie wir heute, so fragten sich auch die Menschen damals: Warum gibt es eine Welt? Warum gibt es uns? Warum gibt es nicht nichts? Und aus ihrem Glauben an Gott heraus haben sie geantwortet. Diese Geschichten wollen uns nicht berichten, wie 5 die Welt genau entstanden ist. Das versuchen uns heute die Naturwissenschaftler zu erklären. Von ihnen hören wir, dass der Anfang des Universums, der so genannte Urknall, ungefähr 15 Milliarden Jahre zurückliegt. Aber woher dieser Urknall kommt, das 10 können die Wissenschaftler auch heute nicht wissen.
Am Beginn der Bibel wird in einem Gedicht erzählt, dass die Welt von Gott kommt. Das ist der Glaube des Volkes Israel. Daran glauben auch die Christen. 15

*Rainer Oberthür*

---

1   a) Formuliere mit eigenen Worten, worum es in dem Gespräch zwischen Mika und dem Ich-Erzähler geht. **> 1**
    b) Stelle alle Begriffe und Aussagen aus **1** zusammen, die etwas mit wissenschaftlichen Erkenntnissen über die Entstehung der Welt zu tun haben. **> 1**
    c) Entwickelt dazu in Partnerarbeit Fragen, die ihr in „Natur und Technik" besprechen wollt. **> 1**
    d) Arbeite aus dem Text heraus, was Mika am Ende mit „wichtige(m) Sinn" (Z. 43) meinen könnte. **> 1**

2   Lies noch einmal 1. Mose 1,1-2,4a und nenne Stellen, an denen man erkennt, dass die Autoren das babylonische Weltbild kannten. **> 2**

3   Nenne Gründe für das Fragezeichen hinter der Überschrift des Textes **3**. **> 3**

4   Schreibe einen fiktiven (= erfundenen) Dialog zwischen Lukas und Rainer Oberthür zu dem Thema „Sind die biblischen Schöpfungserzählungen wahr?" Dazu musst du vorher ihre Ansichten aus **3** und **4** sorgfältig herausarbeiten. **> 3, 4**; S. 30, **1**

5   Ordne dem Bild S. 84 mindestens drei „Textfetzen", die du auf dieser Doppelseite findest, zu. Begründe deine Wahl. **> 1, 2, 3, 4**

VON GOTT ERSCHAFFEN

# Gott – Schöpfer – Geschöpf

### 1 Hat Gott die Welt erschaffen?
Dies war die Hausaufgabe der letzten Religionsstunde. Es sollte die Vorbereitung für das nächste Thema sein, hat uns Herr Schreiber, unser Relilehrer, gesagt.
Hat Gott denn die Welt erschaffen oder hat er das nicht? In Physik haben wir schon einmal über den Urknall gesprochen. Da ich mit meinen Überlegungen nicht weiterkam, habe ich erst einmal im Internet gesucht und folgenden Satz gefunden:
„Allgemein bezeichnet man mit dem Begriff ‚Gott' ein persönliches Wesen, das als Schöpfer, Weltenlenker, Herr über Leben und Tod über der Welt und den Menschen steht. Gott ist anfangslos, unsterblich, unvergänglich, allmächtig […]."

*relilex.de/gott/*

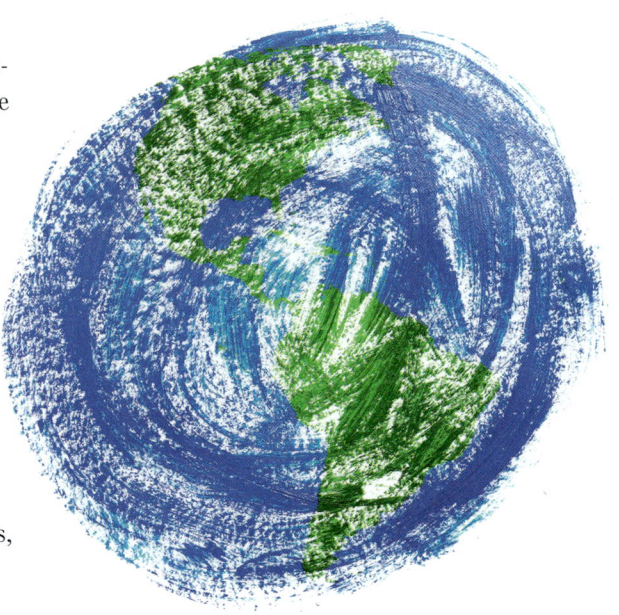

Die Erde, gemalt.

Der Planet Erde. Blick auf einen Teil Afrikas und Europa.

### 2 Gott als Schöpfer
[…]
der kleine Mathias soll sich einen der sieben Schöpfungstage aussuchen und sein Bild dazu malen. Schließlich malt er einen schlafenden Riesen mit sehr großen Füßen. Gefragt, wer das denn ist, verkündet er: Na, Gott, der ruht sich doch am siebten Tag aus! Und für alle, die den Sonntag oder die Ferien lieben, ist diese Wahl ganz und gar logisch. Und es ist schon erstaunlich, dass der Gott, der Himmel und Erde und alle Pflanzen und Tiere und sogar den Menschen geschaffen hat, sogar die Ruhe zu schaffen imstande war. Gerade in dieser Ruhe erweist er sich als Freund des Lebens […]

*Pastor Marcus Antonioli*

86

## 3 Verantwortung übernehmen

**A** – **B**

**C** – **D**

**E** – **F**

1. a) Gib die Antworten wieder, die **1** auf die Frage „Wie ist die Welt entstanden?" gibt. > **1**

   b) Setzt euch damit auseinander, dass Gott als Bewahrer und Schöpfer der Welt und dass der Mensch als Teil der Schöpfung gesehen wird. Gestaltet in Partnerarbeit mit euren Gedanken einen Dialog. > **1**

2. a) Mathias malt ein Bild zum siebten Schöpfungstag. Lies noch einmal die Zehn Gebote (> S. 15, **4**) und nenne das Gebot, das einen Bezug zu diesem Schöpfungstag hat.

   b) „Gerade in dieser Ruhe erweist er sich als Freund des Lebens." Nimm Stellung zu diesem Satz. > **2**

3. Versetze dich in die Situation eines Astronauten einer Raumstation im All. Beschreibe, was beim Blick auf die Erde in dir vorgeht.

4. Nimm an, dein kleiner Bruder zeigt dir sein gemaltes Bild von der Erde. Vergleiche deine Gedanken und Gefühle beim Anblick dieses Bildes mit denen beim Blick von der Raumstation aus.

5. Das Foto S. 86 unten zeigt, wie schön die Erde ist. Nenne Beispiele dafür, wie du in deinem Alltag die Erde bewahren kannst.

6. a) Bringe die Bilder der Bildergeschichte in eine passende Reihenfolge. > **3**

   b) Benenne Situationen, in denen du Verantwortung übernommen hast. > **3**

## VON GOTT ERSCHAFFEN

# Wert des Lebens

### 1 Spuren am Weg

Es war einmal ein Vater, der zwei Söhne hatte. Je älter und gebrechlicher er wurde, desto mehr dachte er über sein Leben nach. Und manchmal kamen ihm Zweifel, ob er seinen Söhnen wohl das Wichtigste für ihr Leben weitergegeben hatte.

Weil ihn diese Frage nicht losließ, beschloss der Vater, seine Söhne mit einem besonderen Auftrag auf eine Reise zu schicken. Er ließ sie zu sich kommen und sagte: „Ich bin alt und gebrechlich geworden. Meine Spuren und Zeichen werden bald verblassen. Nun möchte ich, dass ihr in die Welt hinaus geht und dort eure ganz persönlichen Spuren und Zeichen hinterlasst."

Die Söhne taten, wie ihnen geheißen, und zogen hinaus in die Welt.

Der Ältere begann sogleich eifrig damit, Grasbüschel zusammenzubinden, Zeichen in Bäume zu schnitzen, Äste zu knicken und Löcher zu graben, um seinen Weg zu kennzeichnen. Der jüngere Sohn jedoch sprach mit den Leuten, denen er begegnete, er ging in die Dörfer und feierte, tanzte und spielte mit den Bewohnern. Da wurde der ältere Sohn zornig und dachte bei sich: „Ich arbeite die ganze Zeit und hinterlasse meine Zeichen, mein Bruder aber tut nichts."

Nach einiger Zeit kehrten sie zum Vater zurück. Der nahm dann gemeinsam mit seinen Söhnen seine letzte und beschwerliche Reise auf sich, um ihre Zeichen zu sehen. Sie kamen zu den gebundenen Grasbüscheln. Der Wind hatte sie verweht und sie waren kaum noch zu erkennen. Die gekennzeichneten Bäume waren gefällt worden und die Löcher, die der ältere der beiden Söhne gegraben hatte, waren fast alle bereits wieder zugeschüttet. Aber wo immer sie auf ihrer Reise hinkamen, liefen Kinder und Erwachsene auf den jüngeren Sohn zu und freuten sich, dass sie ihn wiedersahen, und luden ihn zum Essen und zum Feiern ein.

Am Ende der Reise sagte der Vater zu seinen Söhnen: „Ihr habt beide versucht, meinen Auftrag, Zeichen zu setzen und Spuren zu hinterlassen, zu erfüllen. Du, mein Älterer, hast viel geleistet und gearbeitet, aber deine Zeichen sind verblichen. Du, mein Jüngerer, hast Zeichen und Spuren in den Herzen der Menschen hinterlassen. Diese bleiben und leben weiter."

*Nach Herbert Stiegler*

### 2 Aus der 1992 in Deutschland in Kraft getretenen Kinderrechtskonvention

(▶ S. 79, Bild und Aufgabe 5)

Du hast in 1 den Satz gelesen: „Du, mein Jüngerer, hast Zeichen und Spuren in den Herzen der Menschen hinterlassen. Diese bleiben und leben weiter." Das Leben gewinnt an Wert, wenn man mit seinen Mitmenschen gut umgeht und von ihnen gut behandelt wird. Ein guter Umgang mit Kindern soll durch die Kinderrechtskonvention sichergestellt werden.

Im Artikel 3 ist zum Thema „Wohl des Kindes" zu lesen:

Bei allen Maßnahmen, die Kinder betreffen, gleichviel ob sie von öffentlichen oder privaten Einrichtungen der sozialen Fürsorge, Gerichten, Verwaltungsbehörden oder Gesetzgebungsorganen getroffen werden, ist das Wohl des Kindes ein Gesichtspunkt, der vorrangig zu berücksichtigen ist.

> **Als Erinnerung an deine Grundschulzeit**
>
> *Es sind die Begegnungen mit Menschen, die das Leben lebenswert machen.*
> (Guy de Maupassant)

1 Fasse die Geschichte vom Vater und seinen Söhnen mit eigenen Worten zusammen und arbeite heraus, was hier zum Wert des Lebens gesagt wird. > **1**

2 a) Erkläre den Inhalt des dritten Artikels der Kinderrechtskonvention: Kläre dazu zunächst dir unbekannte Wörter und gib dann den Text mit eigenen Worten wieder. > **2**

*plus* b) Denk dir eine Situation, in der Artikel 3 aus der Kinderrechtskonvention angewendet werden muss, aus und schreibe sie in Form einer kleinen Geschichte in dein Heft. > **2**

3 Du bekommst zum Abschied von deiner Grundschullehrerin die Karte, die du oben siehst. Gib den Inhalt in eigenen Worten wieder und erläutere, welche Begegnungen dir guttun.

# VON GOTT ERSCHAFFEN

## Ich – ein Geschöpf Gottes? Und dann?

### 1 Ein Brief an Gott

Unsere Religionslehrerin hat uns mal wieder eine komische Hausaufgabe gestellt: Wir sollen einen Brief an Gott schreiben. „Toll, der liest ihn ja eh nicht!", dachte ich, als ich die Aufgabe in mein Hausaufgabenheft geschrieben habe. Zu Hause angekommen, saß ich vor einem leeren Blatt Papier und auch nach einer ganzen Weile wollte sich mein
5 weißes Blatt nicht füllen. Mir fiel einfach nichts ein zum Thema „Von Gott erschaffen". Als ich dann aber am Abend ins Bett ging, kurz vor dem Einschlafen, hatte ich doch ganz viele Ideen und schrieb, bis ich mit dem Stift in der Hand einschlief:

Lieber Gott,

ich soll dir heute einen Brief schreiben, komisch, oder? Irgendwie merke ich aber heute Abend, dass es sogar gut ist, meine Gedanken einmal loszuwerden. Denn ich glaube schon, dass ich irgendwie von dir erschaffen
5 worden bin. Mein Leben ist ja nicht von mir selbst gekommen, sondern meine Mama hat mich auf die Welt gebracht und meine Eltern haben mich beschützt. Bestimmt hast du mich aber auch beschützt.
Meine Eltern erzählen mir immer, dass ich schon als Baby alles allein machen wollte: allein mit dem Löffel essen, schnell allein die Welt erkunden.
10 Dies konnte ich bestimmt aber nur, weil ich wusste, dass meine Eltern für mich da waren, und ich habe gar nicht wirklich gemerkt, dass ich auf sie angewiesen war. Sie waren einfach da und dafür bin ich ihnen dankbar. Vielleicht warst du ja auch für sie da. Wenn ich hier über das Thema „Von Gott erschaffen" schreibe, dann kann ich auch echt sagen, dass ich an dich
15 glaube. Für mich bedeutet es, dass ich dich innerlich oftmals ganz stark spüre und dann hoffen kann, dass die Menschen gut miteinander umgehen, auch wenn ich diese Hoffnung bei den schlimmen Bildern in den Nachrichten manchmal fast verliere und – zu dir darf ich ja ehrlich sein – manchmal ganz schön böse auf dich bin.
20 Jetzt bin ich aber müde und eigentlich sollte ich das Licht schon längst aus haben. Ich schreibe einfach morgen weiter.

Bis dann

Deine Elisabeth

**1 Analysieren**

Arbeite aus Elisabeths Brief heraus, was sie in ihrem Glauben bestärkt ➤ **1**

**2 Beurteilen**

Elisabeth gesteht in ihrem Brief, dass sie manchmal böse auf Gott ist (ähnlich wie Anne, ➤ S. 49, **5**). Beurteile: Hat sie das Recht dazu?

**3 Recherchieren**

Dein Religionslehrer regt im Zusammenhang mit dem Thema „Bewahrung der Schöpfung" folgende Aktion an: „In der Schule liegen viele leere Plastikflaschen herum. Dies soll geändert werden. Damit die Flaschen nicht einfach nur in den Müll wandern, werden sie gezielt gesammelt. Das Pfandgeld soll für einen guten Zweck gespendet werden."

a) Informiert euch im Internet über die Problematik des Plastikmülls (z. B. Mikroplastik). Befragt dazu auch eure Lehrerin/euren Lehrer in „Natur und Technik". Legt zu dem Thema eine Mindmap an (➤ S. 109, M2).

b) Sucht eine Organisation, der ihr das Pfandgeld spenden wollt. Begründet eure Auswahl.

**4 Entscheidungen treffen**

Würdest du eine Kette mit einem Kreuzanhänger (ähnlich wie auf ➤ Abb. S. 74) tragen? Begründe, warum (nicht).

# Jetzt kann ich ...

… wahrnehmen, dass ich mein Leben und mein Lebensumfeld, auf das ich zum Teil angewiesen bin, nicht selbst hervorgebracht habe.

… erklären, dass durch das Angewiesensein positive und negative Gefühle entstehen können: Abhängigkeitsgefühl, Freude, Dankbarkeit.

… diese Gefühle auch in Psalmen wiederfinden.

… den Ersten Glaubensartikel im Wortlaut wiedergeben.

… Luthers Auslegung zum Ersten Glaubensartikel wiedergeben und erklären, was man unter einem Bekenntnis versteht.

… erklären, dass es einen möglichen Widerspruch gibt zwischen der Aussage des Ersten Glaubensartikels und dem Leid in der Welt.

… zentrale Aussagen der biblischen Schöpfungstexte deuten und Bezüge zum Ersten Glaubensartikel herstellen.

… erläutern, wie der Glaube an Gott, den Schöpfer, Hoffnung machen kann und welche Auswirkungen dies für mein eigenes Leben haben kann.

… konkrete Situationen (in der Schule) benennen, in denen ich wertschätzend mit meinen Mitmenschen umgehe.

# Spuren des Glaubens

Blick in den Kölner Dom.

## Glauben

- Wo kann man Gott (sicher nicht) begegnen?
- Wie kann man Gott (sicher nicht) begegnen?
- Kann man den christlichen Glauben sehen?
- Soll ich als Christ christliche Kunst verstehen?
- Wie kann man Bilder lesen?
- Soll mir als Christ christliche Kunst gefallen?

1 Bildet sechs Gruppen zu den sechs Fragen zum Thema „Glauben". Diskutiert in den Gruppen über „eure" Frage und präsentiert die „Ergebnisse" anschließend euren Mitschülern.

2 a) Fertige eine Liste von Dingen, die dir heilig sind, an (➤ S. 101, 2).
  b) Erkläre jeweils, warum diese Dinge diesen besonderen Wert für dich haben.
  c) Beschreibe jeweils, woran man erkennen kann, dass dir diese Dinge heilig sind.
  d) Vergleicht eure Ergebnisse und benennt die Gemeinsamkeiten.

3 Menschen lesen seit Jahrtausenden in heiligen Schriften. Lege eine Mindmap an zu der Frage, was Menschen früher und heute in heiligen Schriften suchen bzw. finden hätten können/könnten (➤ S. 109, M2).

SPUREN DES GLAUBENS

# Orte formen Denken

*Ganz oben steht das Kreuz. Blick auf Deutschlands höchsten Punkt, den Gipfel der Zugspitze (2962m).*

## 1 Bilder lesen

In diesem Kapitel stehen Bilder im Mittelpunkt. Man kann sie genau wie Texte „lesen", wie du das auch im Kunstunterricht lernst. Du hast in der Grundschule gelernt, die Bedeutung einzelner Buchstaben und Satzzeichen zu erkennen, sie zu sinnvollen Wörtern zu verbinden und daraus die Informationen von Sätzen zu entschlüsseln. Das funktioniert mit Bildern ähnlich – nur haben Bilder ihre eigene Sprache …

1. Beschreibe das Bild genau (▶ S. 108, M1). Beachte dabei auch, was du im Kunstunterricht über Bildbeschreibung gelernt hast. ▶ 1
2. Sammle unterschiedliche Erklärungen, warum Berge seit jeher eine hohe Faszination auf die Menschen ausüben.
3. Entdecke in dem Bild Bezüge zum ersten Glaubensartikel (▶ S. 74, 2 ).
4. Entdecke in dem Bild Bezüge zur ersten Schöpfungserzählung (▶ S. 82, Aufgabe 1; S. 85, 2 ).
5. Schreibe einen Kommentar zum Bild. Beginne so: „Dieses Bild zeigt Deutschlands höchsten Punkt: den Gipfel der Zugspitze. Darauf steht ein Kreuz.
Sagt dieses Bild etwas über den Glauben in Deutschland aus? Ich denke …"
6. Sammle in einer Tabelle in deinem Heft Gründe für und gegen ein Kreuz auf der Zugspitze.
7. Berge gelten oft als heilige Orte. Suche (in Lexika und im Internet) nach Beispielen für „heilige Berge".

## 2 Zugspitze mit und ohne Kreuz

Von einer Werbebroschüre für die Zugspitze gab es neben der deutschen Fassung Ausgaben in verschiedenen anderen Sprachen; diese fremdsprachigen Broschüren hatten unterschiedliche Titelseiten. Eine Version zeigte die Zugspitze mit Kreuz (ähnlich wie das Bild S. 94), eine andere ohne Kreuz (ähnlich wie das Bild auf dieser Seite); der Inhalt aller Ausgaben war gleich. Das Prospektmaterial ist mittlerweile nicht mehr erhältlich; es wird von der Firma, die es einst vertrieben hat, als veraltet bezeichnet.

---

1 „Lies" die beiden Bilder mit dem Zugspitz-Panorama ganz genau und vergleiche ihre Aussagen, indem du Gemeinsamkeiten und Unterschiede benennst (▶ S. 108, M1). ▷ 1

2 a) Finde Erklärungen, warum das Cover für die Werbebroschüre in zwei unterschiedlichen Versionen hergestellt wurde. ▷ 2

b) Viele Menschen haben sich über die Gestaltung des Covers ohne Kreuz beschwert. Sie sahen in ihr eine Entfernung von zentralen Spuren des Glaubens in Deutschland. Beurteilt diese Einstellung und diskutiert darüber.

c) Finde Gründe, die die Tourismusfirma bewogen haben könnten, das Prospektmaterial in der beschriebenen Form nicht mehr zu vertreiben. ▷ 2 .

SPUREN DES GLAUBENS

# Denken formt Orte

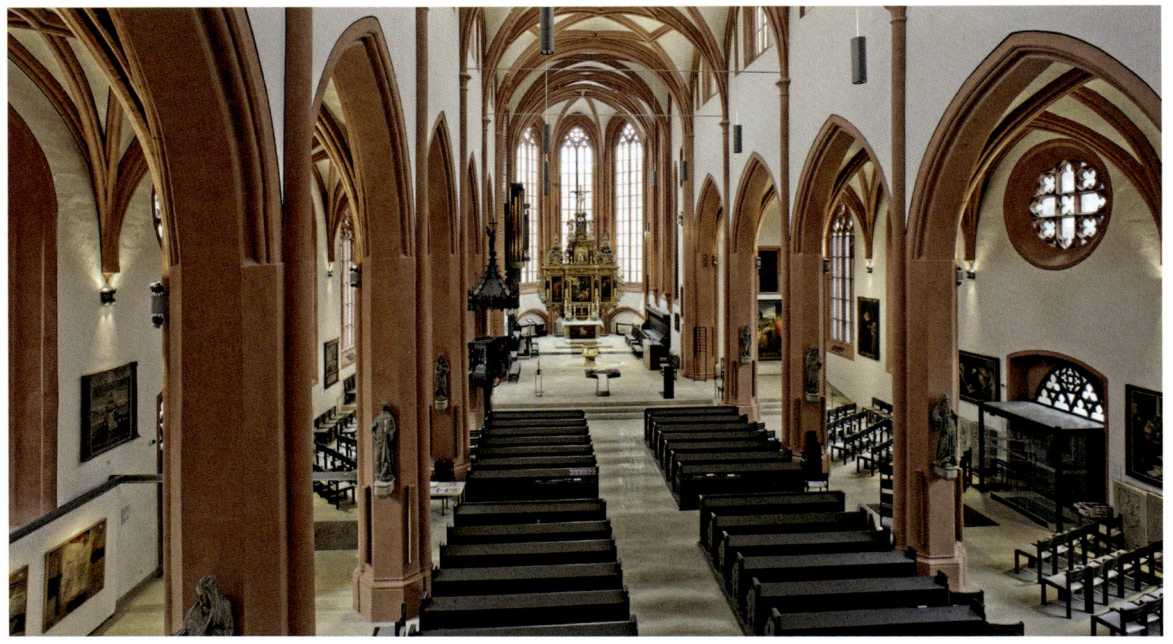

Blick in die Stadtkirche Bayreuth.

### 1 Wer braucht Kirchen?

> Gott braucht keine Kirchen.
>
> Die Menschen brauchen Kirchen.

### 2 Kirchenbau

> Kirchenbau ist immer auch in Stein gehauenes Reden von Gott und vom Glauben. Im Kirchenbau finden sich also immer Spuren des Glaubens seiner Bauzeit.

## ZUR SACHE

### 3 Romanik und Gotik

In der Romanik baute man dicke Wände mit kleinen Fenstern, um Schutz und Geborgenheit wie in einer Burg zu vermitteln; die Kirche wurde sprichwörtlich zum rettenden (Kirchen-)Schiff, das durch den tosenden Sturm aus mittelalterlichen Existenzängsten wie Adelswillkür, Krankheit und Tod steuerte, ohne darin zu versinken.

Die gotischen Baumeister des Mittelalters lernten, mit ihrer imposanten Steinbaukunst die Schwerkraft scheinbar zu überlisten und immer höhere Gebäude Richtung Himmel zu bauen. Dieses Streben, nach oben „bis in Gottes Nähe" zu bauen, hatte auch seine Schattenseiten: Nicht selten mussten allzu gewagte, übermütige und sehr teure Kirchenbauten nachträglich mit Stützmauern an den Außenwänden vor dem drohenden Einsturz bewahrt werden – was leider nicht immer gelang.

## ZUR SACHE

**4 Warum schauen viele Kirchenschiffe nach Osten**

Ein Kirchenführer der Stadtkirche erklärt: „Wenn Sie die Stadtkirche am Morgen besuchen und im Mittelgang vor den Altarstufen stehen, sehen Sie – keinesfalls zufällig – genau ins gleißende Licht der Morgensonne; die Stadtkirche
5 ist geostet: Da die Sonne im Osten aufgeht, fällt das Morgenlicht genau durch die Fenster und erhellt so das ganze Kirchenschiff. Dieses Licht blendet, sein Ursprung ist uns zwar (vernunft- und gefühlsmäßig) bekannt, aber trotzdem außerhalb unserer physischen Reichweite. Das Licht wärmt,
10 weckt, vertreibt Ängste der Finsternis. Eine ideale Analogie für: Gott!"

**5 Gottes Gegenwart**

Gottes Gegenwart ist nicht auf den Kirchenraum beschränkt. Er lädt jedoch dazu ein, besonders mit Gottes Nähe zu rechnen.

*Evangelisches Gesangbuch, Nr. 726*

---

1 Erkläre, was die Antwort auf „Wer braucht Kirchen?" zum Ausdruck bringen soll. > **1**

2 „In Stein gehauenes Reden von Gott": Formuliere mindestens drei Aussagen der Baumeister der Kirche von Bayreuth, die du in ihrer Architektur „liest". > **2**, **3**

3 Suche im Internet Bilder von romanischen und gotischen Kirchen und speichere sie in einer Datei ab. Weise auf jedem Bild mindestens drei typische Bauelemente der jeweiligen Epoche nach (dabei hilft dir **3** – und sicher auch deine Kunstlehrerin/dein Kunstlehrer) und beschreibe ihre Wirkung auf dich. > **3**

*plus* 4 Du bist als Architekt damit beauftragt, einen Kirchenraum zu gestalten, der etwas über das Lebensgefühl der heutigen Menschen in Deutschland und ihr Verhältnis zu Gott ausdrückt. Nenne mindestens fünf Elemente, die „deinen" Kirchenraum kennzeichnen. > **2**, **5**

5 Menschen wollen und wollten angesichts ihrer Kreativität und Schaffenskraft in „Richtung Himmel" bauen oder „übermütige und sehr teure Kirchenbauten" errichten. Formuliert in Gruppenarbeit Argumente für und gegen solche Bauvorhaben. > **3**

6 a) Entdecke die Wirkung eines geosteten Raumes am frühen Morgen in deinem Schulhaus und beschreibe sie. > **4**

b) Vergleiche deine Beschreibung mit dem Text von *Morgenlicht leuchtet* (*Evangelisches Gesangbuch*, Nr. 455). Benenne Gemeinsamkeiten und Unterschiede.

c) Findet (am besten durch gemeinsames Singen) heraus, inwiefern die Melodie des Liedes den Inhalt des Textes widerspiegelt.

d) Vergleiche das Lied mit dem ➤ *Morgenlied*, S. 52, **1**. Nenne Gemeinsamkeiten und Unterschiede.

7 In einer Kirche werden nicht nur Gottesdienste gefeiert. Nennt sonstige Veranstaltungen, die innerhalb einer Kirche stattfinden können.

8 Auch der gläubige Christ spürt in einer Kirche nicht immer Gottes Gegenwart. Nenne denkbare Hindernisse und sammle Möglichkeiten, diese Hindernisse zu beseitigen. > **5**

9 Die Kirche – ein Ort des gelebten Doppelgebots (➤ S. 16, **1** ): Nenne Eigenschaften eines Kirchengebäudes, die es dem Menschen einfach machen, dieses Gebot umzusetzen. > **5**

SPUREN DES GLAUBENS

# Gelebte Kirche

Die Weidenkirche in Pappenheim.

## 1 Kirche: ein Wort, viele Aspekte

Auf der Straße kommt es zu einem Gespräch:
„Können Sie mir den Weg zur Erlöserkirche sagen, da soll jetzt nämlich um 10 Uhr Kirche sein?" „Ja, ich gehe auch dahin." „Sie gehören auch zur evangelischen Kirche?" „Ja, ich arbeite sogar für die Kirche. Ich bin Kindergärtnerin bei der Arche."

Die Eisenkapelle in München am Tipinger Weiher bekommt eine Kirchturmspitze.

## 2 Grundform für die gemeinsame Andacht

**Eingang**  geprägte Form: „Im Namen Gottes des Vaters, des Sohnes und des Heiligen Geistes." oder eine andere Eröffnung

**Lied**

**Psalm**  vorgelesen, gemeinsam oder im Wechsel gesprochen oder gesungen

**Verkündigung**  als biblische Lesung, vorgetragen oder reihum Vers für Vers gelesen; durch ein Bild, ein Symbol oder einen anregenden Text

**Aneignung**  Auslegung im Vortrag oder im Gespräch, mit kreativen Methoden, Bewegung usw.

**Gebet, Vaterunser**  vorformuliertes oder freies Gebet, Gebetsstille

**Sendung, Segen**  Sendungs- und Segenswort, verbunden mit einem Zeichen oder einer Geste: z. B. dem Kreuzeszeichen oder der Handauflegung

*Nach Evangelisches Gesangbuch, Nr. 718*

---

1 In dem kleinen Gespräch auf der Straße wird das Wort „Kirche" ganz unterschiedlich verwendet. Erkläre jeweils, was gemeint ist. > 1

2 Besorge dir den aktuellen Gemeindebrief deiner Kirchengemeinde.
   a) Liste mit dessen Hilfe Aufgaben eines Pfarrers auf; ergänze deine Zusammenstellung, indem du eine Pfarrerin oder einen Pfarrer interviewst.
   b) Schreibe den Raumbelegungsplan der Kirche und des Gemeindehauses.

3 Besorge dir einen Stadtplan und markiere, wo in deiner Gemeinde überall „Kirche" stattfindet. Nenne Auffälligkeiten in der räumlichen Verteilung.

4 Beschreibe die beiden auf S. 98 abgebildeten Kirchen genau.
   a) Entdecke Bezüge zum ersten Glaubensartikel (> S. 74, 2 ).
   b) Entdecke Bezüge zur ersten Schöpfungserzählung (> S. 82, Aufgabe 1; S. 85, 2 ).
   c) Formuliere mögliche Deutungen der Architektur dieser Orte; gehe dabei auch darauf ein, was man dort über Gott und über den Menschen erfahren könnte.
   d) Handelt es sich bei diesen Orten um echte Kirchen? Begründe deine Antworten.

5 Findest du es sinnvoll, dass man sich bei der Gestaltung einer Andacht an ein Schema (wie z. B. das als 2 abgedruckte) hält? Begründe deine Meinung. > 2

# SPUREN DES GLAUBENS

# Was mir heilig ist: Glaube formt (Sprach-)Bilder

Richter-Fenster im Kölner Dom, Ausschnitt.

### 1 Die Quadratur Gottes?

Der Künstler Gerhard Richter (geboren 1932) wurde 2006 mit der Gestaltung eines Fensters für den Kölner Dom beauftragt (➤ Abb. S. 92 und oben). Er ordnete dazu 11.263 Farbquadrate mit den Maßen 9,6 x 9,6 cm
5 auf einer Fensterfläche von 113 m² nach dem Zufallsprinzip an: Zunächst wählte der Künstler aus 800 möglichen Glasfarben 72 aus, die auch in den Domfenstern des Mittelalters und des 19. Jahrhunderts Verwendung fanden. Die Anordnung der Farbquadrate überließ er
10 einem Zufallsgenerator, der lediglich darauf programmiert war, gewisse Wiederholungen und Spiegelungen hervorzubringen, ansonsten die Farben aber ganz zufällig anordnete. Nachträglich korrigierte Gerhard Richter die Verteilung an einzelnen Stellen, an denen die zufällige Anordnung der Farben bestimmte Inhalte 15 erahnen ließ. Unter unterschiedlichem Lichteinfall verändert sich fortwährend die Farbwirkung des Fensters im Innenraum. Die abstrakte Ausführung wurde teils begeistert aufgenommen, teils massiv kritisiert.
Richters Kunstwerke gehören zu den teuersten eines 20 lebenden Künstlers, er hat das Kirchenfenster jedoch ohne Honorar entworfen.

## ZUR SACHE

### 2 Heilig

Der Begriff *heilig* leitet sich von *Heil* ab, dessen Bedeutung sich heute noch in *heil* (ganz, gesund) und als Gegenteil von *Unheil* wiederfindet: Er bezeichnet *etwas ganz Besonderes, Verehrungswürdiges*. Dementsprechend bezeichnet man auch *zu Gott gehörige* Dinge so.

Jeder Mensch hat solch ganz besondere und verehrungswürdige Dinge, obwohl diese in den Augen anderer Menschen vielleicht manchmal unbedeutend erscheinen. Weil Christen in ihren Mitmenschen und auch in ihrer Umwelt die Schöpfung Gottes erkennen, spricht man davon, dass jeder Mensch heilig ist: Jeder einzelne Mensch ist ein von Gott gewolltes Wesen. Unter anderem auf dieser Einsicht beruht auch die Tatsache, dass Christen ausnahmslos jedem Menschen Rechte (z. B. das Recht auf Leben, auf körperliche Unversehrtheit und auf freie Entfaltung seiner Persönlichkeit) zugestehen, die grundsätzlich zu respektieren und zu schützen sind.

## ZUR SACHE

### 3 Jesus, der Heiland

Der Begriff *Heiland* (➤ 2) stammt aus dem Mittelhochdeutschen und leitet sich von *heilend*, dem Partizip Präsens des Verbs *heilen* ab. Jesus wird als *Heiland*, also als *Heilender*, bezeichnet.

---

1. a) Beschreibe die auf S. 92 abgebildete Situation so, dass sich jemand, der weder die Abbildung gesehen hat noch in Köln war, vorstellen kann, was es dort zu entdecken gibt.
   b) Stelle Vermutungen an, was sich um die abgebildeten Steine herum befindet.
   c) Der Stein ist eigentlich grau. Erkläre, wie die verschiedenen Farben auf den Steinen entstehen. Notiere dir dazu Fragen, die du im Natur- und Technik-Unterricht stellen willst. ➤ **1**
   d) Nenne weitere Funktionen des Sonnenlichts für diesen Raum. ➤ **1**
   e) Ein Besucher betritt diesen Teil der Kirche zum ersten Mal: Fasse die Gedanken, die er haben könnte, in Worte. ➤ **1**

2. a) Betrachte die Detailaufnahme des Richter-Fensters. Suche dir drei Glasquadrate aus und beschreibe die Wirkung und die Eigenschaften der jeweiligen Farbtöne. Erkläre, wie du auf gerade diese Eigenschaften kommst.
   b) Gestalte in deinem Heft ein eigenes Richter-Fenster aus neun Quadraten.
   c) Zeigt euch eure Fenster gegenseitig. Die Betrachter beschreiben jeweils das Kunstwerk und deuten die Farben. In einem zweiten Schritt erklärt der Gestalter seine Farbauswahl. Möglicherweise weichen Deutungen der Betrachter von Absichten der Künstler ab. Findet Gründe dafür und befragt auch eure Kunstlehrerin/euren Kunstlehrer dazu. ➤ **1**

3. Jeder Mensch ist heilig: Gib mit eigenen Worten die Begründung für diese These wieder, die **2** enthält. Formuliere weitere Argumente für diese Ansicht. ➤ **2**

4. a) Jemand sagt: „Mein Fußballtraining ist mir heilig." Erläutere diesen Satz.
   b) Formuliere einen ähnlichen Satz, der auf dich zutrifft. ➤ **2**
   *plus* c) „Jeder Mensch ist heilig." „Mein Fußballtraining ist mir heilig." Vergleiche die Bedeutung des Wortes „heilig" in beiden Sätzen.

*plus* 5. Suche im Neuen Testament eine Stelle, an der Jesus als Heiland bezeichnet wird. Zeige auf, wer an der jeweiligen Stelle wovon geheilt werden muss. ➤ **3**

SPUREN DES GLAUBENS

# Was mir heilig ist: (Sprach-)Bilder formen Glauben

Gnadenstuhl in der luxemburgischen Kirche Sainte Famille.

Gnadenstuhl, gemalt von einem österreichischen Künstler im 15. Jh.

### 1 Ein prominenter Gegner des Richter-Fensters

Der Theologe Joachim Meisner übte am Richter-Fenster (➤ Abb. S. 100) folgende Kritik: „Das Fenster passt nicht in den Dom. Es passt eher in eine Moschee* oder in ein Gebetshaus. Wenn wir schon ein
5 neues Fenster bekommen, dann soll es auch deutlich unseren Glauben widerspiegeln. Und nicht irgendeinen."

* So nennt man ein muslimisches Gotteshaus. Dort sind bildliche Darstellungen von Menschen (als Gottes Ebenbild) ebenso wie die Darstellung Gottes verboten.

---

1. Beide Abbildungen zeigen einen sogenannten Gnadenstuhl. Beschreibe die Bilder und nenne wesentliche Bildmerkmale eines Gnadenstuhls.

2. Die Zehn Gebote nach 2. Mose 20,4 fordern, man solle sich „kein Bildnis noch irgendein Gleichnis" von Gott machen (➤ S. 49, 3 ). Trotzdem zeigen die Gnadenstuhl-Bilder (neben vielen anderen christlichen Kunstwerken) Gott. Warum? Sammelt Bedingungen, die erfüllt sein sollten, um trotz solcher Kunstwerke nicht gegen das Bilderverbot zu verstoßen. ➤ 2

3. Die beiden Gnadenstuhl-Darstellungen entstanden auf unterschiedlichem Material. Vergleiche die daraus entstehende unterschiedliche Wirkung; untersuche, ob sich aus den verschiedenen Materialien auch unterschiedliche Bildaussagen ergeben.

4. Vergleiche das Glasfenster von Gerhard Richter (➤ Abb. S. 100) mit dem Glasfenster mit dem Gnadenstuhl. Nenne Gemeinsamkeiten und Unterschiede, auch in der Wirkung auf den Betrachter.

5. Beurteile: Ist das Richter-Fenster geeignet, den christlichen Glauben widerzuspiegeln? Wäre eine Abbildung wie der Gnadenstuhl besser dazu geeignet? ➤ 1

## 2 Ein Goldenes Kalb für Gott

Die Israeliten wollten etwas Heiliges haben, das sichtbar sein sollte. Deshalb schufen sie das Goldene Kalb (2. Mose 32,1-4) – und handelten sich prompt Gottes Zorn ein.

Moses mit den Gesetzestafeln und das Goldene Kalb. Kapitell-Skulptur (entstanden um 1125/40) in der Basilika Sainte Madeleine, Vézelay (Frankreich).

Hinweistafel am Eingang der Frauenkirche in Dresden.

6 a) Formuliere Begründungen für den aufwendigen Bau des Goldenen Kalbes. > 2
   b) Finde mehrere (!) Argumente, warum dieser Bau Gottes Zorn geweckt haben könnte. > 2

7 a) Nenne Bilder oder Orte, die jemandem heilig sind (> S. 101, 2 ). Nenne Merkmale, an denen du das erkennst (auch wenn dir selbst der Ort oder das Bild gar nicht heilig erscheint).
   b) Formuliere Regeln, wie man sich an heiligen Orten verhalten sollte.
   c) Wenn jemandem etwas heilig ist, muss man bei der Diskussion darüber besonders vorsichtig vorgehen. Formuliert in Partnerarbeit Regeln, wie man respektvoll gegenüber einem Kunstwerk und einer anderslautenden Deutung seine eigene Sicht auf Dinge zur Sprache bringen kann.

SPUREN DES GLAUBENS

# Sprachbilder

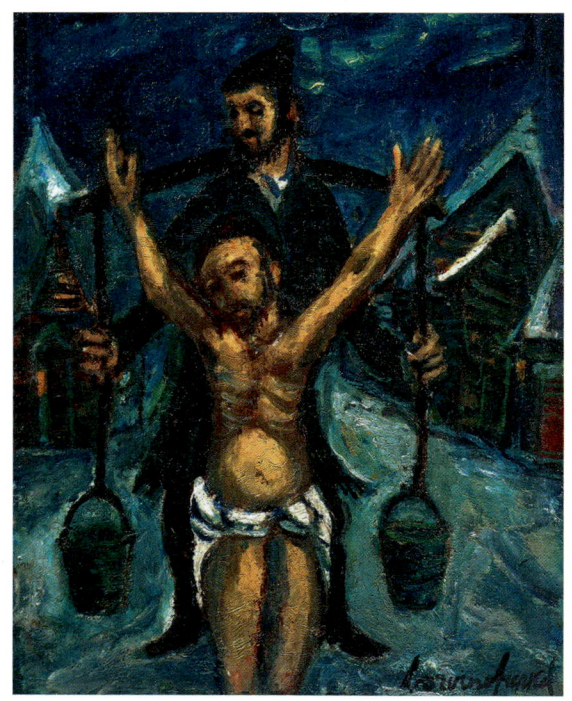

Boris Borvine Frenkel (polnischer Maler; 1895-1984):
Kreuzigung, um 1980 (Ausschnitt).

### 1 Wofür steht des Kreuz?

An einem Kreuz wurden in der Antike Personen qualvoll hingerichtet. Auch Jesus von Nazareth wurde gekreuzigt. Für Jesu Anhänger war der Kreuzestod ihres Heilands die schlimmste vorstellbare Katastrophe: All die in Jesus gesetzten Erwartungen starben mit ihm am Kreuz. Die Bewältigung dieser Krise durch die Erkenntnis der Jüngerinnen und Jünger, dass Jesus von den Toten auferstanden ist, ist der Ursprung des Christentums. So wurde aus einem schändlichen Zeichen für den Tod das zentrale Zeichen des Christentums.

Den beiden Kreuzbalken kann man dabei verschiedene Bedeutungen zuweisen: So steht der senkrechte Balken für die Beziehung des Menschen zu Gott, die dank Jesus Christus und seinem Leiden und Sterben am Kreuz jedem Menschen offensteht. Der waagerechte Balken erinnert den Menschen an die zentrale Botschaft Jesu: Schau nach rechts und links zu deinem Nächsten und lass ihm die gleiche Achtung zuteilwerden wie Gott und dir selbst.

## ZUR SACHE

### 2 Taube

Früher galten Vögel als Boten Gottes. Die Taube steht dabei in der christlichen Kunst für das Wirken des Heiligen Geistes: Am Anfang der Bibel ist es eine Taube, die in der Sintfluterzählung losgeschickt wird, um trockenes Land zu suchen. Als sie mit einem Olivenzweig im Schnabel zurückkommt, weiß Noah: Die tosende Sintflut geht zurück und Gott steht fest auf seiner Seite. Die Taube steht so (1. Mose 8,11) auch für Frieden auf der Welt. Wenn gegen Ende der Bibel von der Anwesenheit und der inspirierenden Wirkung des Heiligen Geistes an Pfingsten erzählt wird, wird dieser oft als Taube dargestellt: So beflügelt der Heilige Geist die Menschen, über sich hinauszuwachsen und sich selbst wie auch andere zu verstehen.

Taube als Symbol (▶ S. 47, 2) des Heiligen Geistes in der Kuppel des Berliner Doms.

## ZUR SACHE

### 3 Lamm

Bereits das Alte Testament kennt das Lamm als Opfertier, das als Opfergabe Gott auch in Zukunft gnädig stimmen soll (2. Mose 12). Andere Autoren vergleichen das Lamm bereits mit einem Diener Gottes, der wie ein Schaf klaglos auf seine Opferung um Gottes willen wartet (Jesaja 52,13ff). Diese Ideen nimmt das Neue Testament auf: Der Evangelist Johannes bezeichnet nun Jesus als „Lamm Gottes" (Johannes 1,29.36). In der Kunst trägt das Lamm oft eine Siegesfahne und symbolisiert (▶ S. 47, 2) so den auferstandenen Jesus Christus.

Christus als Osterlamm in der evangelischen Gertrudis-Kirche in Saalfeld Graba, Thüringen.

## ZUR SACHE

### 4 Taufe

Während der Taufe wird dem Täufling Wasser über den Kopf gegossen. Dem Wasser kamen dabei in der Vergangenheit verschiedene Bedeutungen zu; es drückt aus, woran Christen glauben: Deutet man es z. B. als „Wasser des Lebens", kommt darin zum Ausdruck, dass Gott seine geliebten (und sterblichen) Menschen niemals im Stich lässt – auch im (oder nach dem) Tod nicht. So verlassen sich Christen darauf, dass sie persönlich mit all ihren Stärken und Schwächen von Gott angenommen sind. Das Wasser ist bei der Taufe sichtbares Zeichen für das unsichtbare Angenommensein des Menschen durch Gott (▶ S. 47, 2).

## ZUR SACHE

### 5 Abendmahlsbrot

Beim Abendmahl erinnern sich die Christen an das letzte Abendmahl Jesu mit seinen Jüngern. Jesus wusste, dass er bald sterben musste, und ihm war klar, dass seine Anhängerinnen und Anhänger nach seinem Tod Hilfe brauchen würden. Deshalb verglich er das Brot, das gegessen wurde, mit seinem Körper: „Dies ist mein Leib." Das Brot bestand nämlich aus Weizenmehl; dessen Korn musste erst in der Erde sterben, damit daraus neues Leben erwachsen konnte. So sah Jesus auch sein Schicksal. Das Brot selbst verglich Jesus mit seinem Körper, der – wie das Brot – zerbrochen wird, damit dadurch alle gestärkt werden, die an Jesus Christus glauben. Brot und Wein sind nach evangelisch-lutherischer Überzeugung beim Abendmahl sichtbare Zeichen für die unsichtbare Gemeinschaft mit dem auferstandenen Christus (▶ S. 47, 2).

---

1 Vergleiche die Aussagen des Bildes „Kreuzigung" mit dem Text über das Kreuz. Nenne Gemeinsamkeiten und Unterschiede. ▶ 1

2 Erkläre, warum der Heilige Geist oft, z. B. auf dem Bild S. 104 unten und den ▶ beiden Bildern S. 102, als Taube dargestellt wird. ▶ 2

3 a) Beschreibe das Bild auf dieser Seite. ▶ 3
b) Deute besonders die drei Bildelemente, die du außer dem Lamm siehst. Bitte dabei auch deine Kunstlehrerin/deinen Kunstlehrer um Hilfe. ▶ 3

4 Sammle biblische Erzählungen, in denen Wasser eine Rolle spielt, und überlege dann, wie die Taufe noch gedeutet werden könnte. ▶ 4

5 „Dies ist das Brot des Lebens" wird manchmal beim Austeilen des Abendmahlsbrotes gesagt. Erkläre dieses Sprachbild. Erfinde weitere Sprachbilder, die die gleiche Aussage transportieren könnten. ▶ 5

SPUREN DES GLAUBENS

# Im Zusammenhang

Auf der Plane eines Bauzauns im „Raum der Stille" in der Messe Karlsruhe.

Du hast in diesem Kapitel viel über die Kraft bzw. Wirkung von Farben und Formen gelernt – und dabei auch bemerkt, dass Bilder manchmal nur unzureichend die Botschaft transportieren, die derjenige, der sie gemacht hat, überbringen wollte. Zuweilen kann es aber auch sein, dass das Bild mehr Sinn enthält, als der Künstler sich dabei gedacht hat.

**1 Deuten**

a) Ein Kreuz und ein Bauzaun und der Schatten eines Mannes: Arbeite heraus, was sich der Fotograf bei der Auswahl seines Motivs gedacht haben könnte (➤ S. 108, M1).

b) Das Kreuz als Symbol (➤ S. 47, **2**): Notiere, was es deiner Meinung nach bedeuten kann.

**2 Gestalten**

Gestalte auf einem Blatt Papier ein Bild, eine Zeichnung oder eine Grafik zu einer oder mehreren deiner Antworten aus 1.

**3 Präsentieren**

Präsentiert euch gegenseitig eure kleinen Kunstwerke: Zuerst werden sie vom

„Publikum" beschrieben und gedeutet, dann äußert sich der „Künstler" zu seinen Überlegungen und den Aussagen der anderen.

**4 Gemeinsam gestalten**

Ordnet eure Kunstwerke gemeinsam so zu einem Kreuz an, dass sich für einen Betrachter des Kreuzes die Einzelaussagen möglichst gut zu einer Gesamtaussage verbinden.

In diesem Kapitel hast du viele Gottesdiensträume kennengelernt. Du selbst kennst vielleicht noch weitere.

**5 Auswählen**

Stelle Orte, die du kennst oder die du dir vorstellst, zusammen, die es dir leicht machen könnten, zur Ruhe zu kommen und für Gottes Nähe offen zu werden. Notiere jeweils dazu, welche Bedingungen erfüllt sein müssen, dass diese Orte diesen besonderen Wert für dich haben.

**6 Argumentieren**

Sammelt in Partnerarbeit Gründe und Anlässe für einen Gottesdienst. Diskutiert, welche Orte für welche Gottesdienste besonders geeignet sind. Stellt eure Ergebnisse auf einem Poster dar (➤ S. 110, ✝ M 3).

**7 Gemeinsam gestalten**

Gestaltet in der Lerngruppe einen Gottesdienst zu einem bestimmten Anlass (z. B. Advent, Passionszeit, Schuljahresende; ➤ S. 99, **2** ). Wählt dazu einen Ort bzw. einen Raum aus, der zum Anlass passt, und gestaltet ihn so, dass dadurch euer Gottesdienstthema und die Glaubensinhalte, um die es euch geht, erfahrbar werden.

# Jetzt kann ich ...

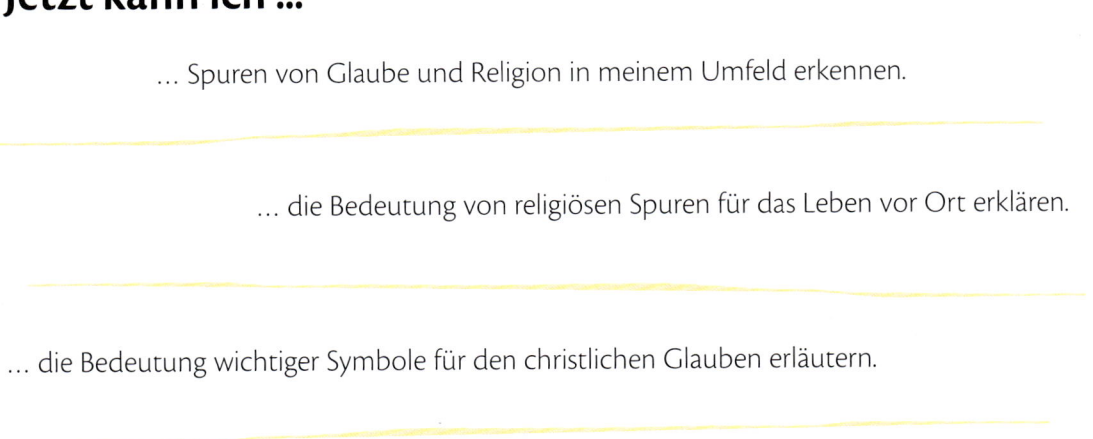

… Spuren von Glaube und Religion in meinem Umfeld erkennen.

… die Bedeutung von religiösen Spuren für das Leben vor Ort erklären.

… die Bedeutung wichtiger Symbole für den christlichen Glauben erläutern.

… beschreiben und erklären, wie durch bestimmte Gebäude einer Kirchengemeinde der christliche Glaube zum Ausdruck gebracht wird.

… Möglichkeiten christlichen Feierns benennen und ausprobieren.

# METHODEN

## Arbeitsmethoden im Religionsunterricht

Auf den folgenden Seiten stellen wir dir Methoden vor, die beim Arbeiten und Lernen im Fach Religion besonders nützlich sind und die du bei der Arbeit mit diesem Buch üben sollst. In den Aufgabenblöcken wird immer wieder mit dem Zeichen ⊤ auf sie verwiesen.

### ⊤ M 1  Ein Bild deuten

Auch Bilder kann man „lesen". Um ein Bild zu deuten, geht man am besten nach einem festen Dreischritt vor:
1. Was sehe ich?
2. Was könnte das bedeuten?
3. Was empfinde ich dabei?

**So wird's gemacht:**

- Beschreibe das Bild möglichst genau und halte deine Beobachtungen fest.
  Die Beschreibung der Motive, Formen und Bildelemente kann z. B. nach dem Prinzip „vom Auffälligen zum Unauffälligen" oder „vom Großen zum Kleinen" erfolgen. Wichtig ist hierbei, dass du noch keine Wertung vornimmst („die komische Frau in der Mitte") und auch noch nichts hineindeutest („das könnte Maria sein").
  Bei der Beschreibung kannst du mit folgenden Leitfragen arbeiten:
    - Wie ist der Vordergrund gestaltet, (wie) setzt er sich vom Hintergrund ab?
    - Welche Farben (helle/dunkle, knallige/gedeckte usw.) enthält das Bild?
    - Gibt es Kontraste (Zusammentreffen von hell/dunkel bzw. kalt/warm)?
    - Gibt es auffällige (diagonale, horizontale oder vertikale, symmetrische, gekreuzte usw.) Linien?
    - Welche Rolle hat der Betrachter des Bildes?
- Deute die Bildelemente.
    - Beginne mit dem Element, das du am wichtigsten findest.
    - Rede dabei in Ich-Botschaften, z. B.: „Ich denke, das Bild stellt Jesus dar, wie er gekreuzigt wird, weil …" „Ich denke, das Bild will den Betrachter zum Nachdenken über … anregen." Je unterschiedlicher die Deutungen in der Lerngruppe ausfallen, umso spannender ist es, sich darüber auszutauschen, welche Deutungen zusammenpassen und welche nicht, welche Argumente eher überzeugen können.
- Formuliere jetzt – und erst jetzt – Werturteile, z. B.: „Ich finde das Bild treffend/unpassend/verletzend/intelligent …" „Das Bild löst bei mir Freude/Unverständnis/Erleichterung/Zorn … aus." „Der Künstler hätte … (nicht) machen/malen sollen, weil …"

## M 2 Eine Mindmap anlegen

Wenn man etwas Neues lernt, ist es manchmal gar nicht einfach, bei all den vielen Informationen den Überblick zu behalten. Eine einfache und sehr gute Methode kann dir dabei helfen: die Mindmap.

So wird's gemacht:

- Nimm ein Blatt Papier und lege es quer.
- Schreibe genau in die Mitte des Blattes das Thema und hebe es farbig hervor.
- Schreibe von der Mitte aus auf die Hauptäste der Mindmap die Begriffe, die nach dem zentralen Begriff am wichtigsten sind.
- Wenn du mehr ins Detail gehen willst, verästele die Zweige weiter und nimm weitere Begriffe auf.

# METHODEN

## M 3 Ein Plakat/Poster gestalten

Du kennst aus deinem Alltag ganz verschiedene Plakate: In der Aula der Schule hängt vielleicht eine Ankündigung zur Aufführung der Theater-AG, auf deinem Schulweg liest du auf einer Plakatwand mit einer Wüstenlandschaft den Werbeslogan für ein neues Mobiltelefon und im Museum hängen große Text-Plakate zur Einführung in eine Ausstellung. Du würdest sicher noch viele weitere Plakatformen finden. Bevor du selbst ein Plakat gestaltest, musst du wissen, was du damit bezwecken willst.

Für den Religionsunterricht nennen wir euch hier **drei verschiedene Modelle:**
**Modell 1: Das Plakat soll eine Präsentation visuell unterstützen,** damit man nicht nur etwas hört, sondern auch etwas zu sehen hat: Im Zentrum steht der Vortrag, das Plakat soll beim Zuhörer aber Interesse wecken und helfen, dem Vortrag gut zu folgen.
Informationen auf dem Plakat: Thema und Fragestellung, Gliederung, Lösungsansätze/Ergebnis, eventuell aussagekräftige Bilder, Pfeile, Symbole …
Grundregel: Nicht zu viel Text – kurz formulieren!

**Modell 2: Das Plakat soll das Ergebnis einer (Gruppen-)Arbeit zusammenfassen.**
Diese Art des Plakats/Posters darf etwas mehr Text und Bilder haben – es sollte sich beim Betrachten und Lesen von selbst erklären. Solche Plakate sind sinnvoll, wenn eine Gruppe zu einem Thema verschiedene Unterthemen erarbeitet hat. Das Thema könnte dann z. B. in der Mitte aufgeschrieben werden und die Ergebnisse der Unterthemen könnten im Kreis dazu angeordnet werden. Vorsicht: Poster nicht überladen, auf Übersichtlichkeit achten!

**Modell 3: Das Plakat setzt sich kreativ mit einem Text oder einem Bild auseinander.**
Dies bietet sich an, wenn du beispielsweise das Bild eines Künstlers in deine Welt „transportieren" möchtest. Hierbei wird ein Bild oder ein Ausschnitt daraus vergrößert und auf das Poster geklebt. Nun kannst du die Figuren durch Sprechblasen sprechen lassen. Du kannst auch biblische Geschichte auf diese Weise lebendig werden lassen.

### So wird's gemacht:

- Besorgt folgendes **Material**: Plakatkarton DIN A1 in hellen Farben, dicke Filzstifte (3-4 Farben), Schere, Klebstoff, Lineal, Bleistift und Radiergummi.
- Recherchiert vor der Arbeit an eurem Plakat gründlich zum Thema.
- Gliedert euer Thema in Unterthemen.
- Teilt das Plakat in verschiedene Bereiche ein, zeichnet eventuell mit Bleistift Linien ein.
- Schreibt oben oder in die Mitte groß und deutlich die Hauptüberschrift.
- Schreibt in die für die Unterthemen vorgesehenen Bereiche ausreichend groß (mindestens 3 cm Schrifthöhe) Zwischenüberschriften.
- Achtet bei der Anordnung der Unterthemen (in der Regel untereinander oder in Kreisform im Uhrzeigersinn) besonders darauf, dass klar wird, in welchem Zusammenhang sie stehen.
- Wählt Bilder aus und beschriftet sie.
- Nutzt Symbole, Pfeile, Smileys usw. als weitere Gestaltungselemente.
- Nicht zu viel Text! Plakat nicht überladen!

## M 4  Einen Psalmweg gestalten

Die Gestaltung eines Psalmweges ermöglicht euch einen kreativen und mit verschiedenen Sinnen erfahrbaren Zugang zu einem Psalmtext. Zu einem Psalm wird gemeinsam ein „Weg" mit verschiedenen Stationen angelegt. Jede Station besteht aus dem Ergebnis einer künstlerischen Arbeit zu dem Text.

So wird's gemacht:

- Gestaltet in Gruppen- oder/und Einzelarbeit Bilder oder auch Bildworte.
- Entwerft in Gruppen Szenen oder Standbilder zu Textstellen aus dem Psalm.
- Nehmt in Einzel- oder Gruppenarbeit Verklanglichungen verschiedenster Art (mit Instrumenten, mit Stimmen, mit Gegenständen, mit denen man Klänge erzeugen kann) vor.
- Sprecht die Anordnung der „Stationen" miteinander ab.
- Probiert unterschiedliche Anordnungen der „Stationen" aus. Prüft, ob ihr bei einer Veränderung der Anordnung in dem Psalmtext anderes lest als vorher.
- Sprecht in der Lerngruppe oder in verschiedenen Kleingruppen darüber, was ihr bei eurer Arbeit an dem Psalmweg gelernt habt.

## M 5  Ein Standbild bauen

Wenn du dir ein Foto von deinem letzten Urlaub ansiehst, hast du sicher noch viele Erinnerungen im Kopf. Bilder lösen oft Gefühle und Erinnerungen in einem Menschen aus. Dies gilt für Fotos, für Gemälde, aber auch für lebendige Bilder wie Standbilder.
Bei einem Standbild wird eine Szene, z. B. auf der Grundlage einer Bibelstelle, wie auf einem Foto festgehalten. Hierbei sind die Körperhaltung und der Gesichtsausdruck sehr wichtig und zeigen oft mehr, als man mit Worten ausdrücken kann.

So wird's gemacht:

- Lies den Text, den ihr in ein Standbild „übersetzen" wollt, und notiere erste Stichpunkte zum Inhalt: Was geht dir gerade durch den Kopf, was ist dir spontan eingefallen?
- Bildet Kleingruppen, vergleicht eure Stichpunkte zum Text und überlegt, wie man den Inhalt möglichst gut in einem Bild umsetzen kann.
- Baut mit den Mitschülern eurer Kleingruppe das Standbild. Ein Schüler übernimmt die Leitungsrolle (Regisseur) und stellt seine Mitschüler auf. Er achtet bei jedem Schüler besonders auf die Körperhaltung und den Gesichtsausdruck. Da man sich in dieser Phase sehr konzentrieren muss, wird nicht gesprochen.
- Wenn alle Schüler in der richtigen Körperhaltung aufgestellt sind, wird das Bild für ungefähr 30 Sekunden „eingefroren", also wie bei einem Foto „festgehalten". Jetzt könnte ein Zuschauer das Standbild fotografieren.
- Wenn sich alle Schüler wieder aus ihrer Haltung gelöst haben, sprecht über das Standbild:
  - Zuerst sagt jeder Schüler des Standbildes, wie er sich in seiner Position gefühlt hat.
  - Danach erklärt der Regisseur, warum er seine Mitschüler so aufgestellt hat.
  - Dann beschreiben die Zuschauer, wie das Standbild auf sie gewirkt hat.

# LEXIKON

**Abendmahl**
Bei Brot (Oblate) und Wein (Saft) wird feierlich an das letzte Abendessen erinnert, das Jesus vor seinem Tod mit seinen Jüngern einnahm. ➤ S. 105

**Abendmahlsbrot**
Beim gemeinsamen ➤ Abendmahl wird es den Gläubigen als symbolische, lebensspendende Segenshandlung ausgeteilt. ➤ S. 105

**Abraham**
Literarischer Ahnvater des Volkes Israel, von dem sich die ➤ Israeliten ableiten.

**Adonai („Herr")**
Im Judentum statt ➤ Jahwe als Gottesname benutzt. ➤ S. 54

**Altes Testament (➤ Hebräische Bibel)**
Erster Hauptteil der ➤ Bibel, überwiegend in hebräischer Sprache geschrieben. ➤ S. 30f

**Apostelgeschichte**
Buch im Neuen Testament, das in 28 Kapiteln von der ersten Ausbreitung des christlichen Glaubens berichtet. ➤ S. 26

**Askalon**
Philisterstadt an Israels Westküste. ➤ S. 55

**Augustiner-Eremiten**
Mönchsorden aus dem 13. Jahrhundert; in sein Erfurter Kloster trat Luther 1505 als Mönch ein. ➤ S. 77

**Babylonische Gefangenschaft**
Die Babylonier haben die ➤ Israeliten überfallen und in die Fremde verschleppt; dort hatten sie Sehnsucht nach der Heimat, lernten aber auch neue Kulturen kennen. ➤ S. 85

**Barth, Karl**
Evangelisch-reformierter Theologe aus Basel/Schweiz (1886-1968), der eine moderne theologische Richtung (Dialektische Theologie) mitgründete. In der Zeit des Nationalsozialismus engagierte er sich in der Bekennenden Kirche.

**Batseba**
König ➤ David verliebte sich in seine schöne Nachbarin Batseba; um sie zu heiraten, ließ er ihren Ehemann Uria beseitigen. ➤ S. 62

**Bekenntnis**
➤ Glaubensbekenntnis

**Benjamin**
Der jüngste Sohn ➤ Jakobs; Benjamin heißt auch einer der zwölf Stämme Israels.

**Bethlehem**
Kleine Stadt im judäischen Bergland, bekannt als Geburtsort Jesu. ➤ S. 55

**Bibel**
Die Bibel (lat. *biblia*) besteht aus vielen Einzelbüchern in zwei großen Hauptteilen (Altes Testament / Hebräische Bibel und Neues Testament). Für die jüdische und die christliche Religion sind es heilige Schriften. (Die Bibel wird auch das „Buch der Bücher" genannt, ein „Stück Menschheitsgeschichte":) Sie enthält große, klassische Literatur, die über 1000 Jahre hinweg entstanden ist und immer wieder zu aktuellen Neuübersetzungen, poetischen Nachdichtungen und kreativen Gestaltungen anregt. ➤ S. 30f

**Heilige Schrift**
Respektvolle Bezeichnung für das Lehrbuch einer Religion, z.B. für die ➤ Bibel oder den ➤ Koran.

**Biblia**
➤ Bibel. ➤ S. 30f

**Bibliothek (griech.)**
„Buch-Behälter", Bücher-Sammlung, Zusammenstellung von Büchern.

**Bilderverbot**
In den ➤ Zehn Geboten wird dem Volk ➤ Israel die Abbildung fremder Götter wie auch des eigenen Gottes verboten. Denn der Glaube an den biblischen Gott Jahwe soll sich von der Vielgötterei der damaligen Umgebung unterscheiden, wo Götter als magische Kultstatuen aufgestellt und angebetet wurden. Hinter der Erzählung vom Goldenen Kalb (2. Mose 32; ➤ S. 103) stehen ähnliche Überlegungen: Die ➤ Israeliten sollen nicht, wie die Andersgläubigen, tierähnlichen Gottheiten huldigen. ➤ S. 48

**Bonhoeffer, Dietrich (1906-1945)**
Evangelisch-lutherischer Theologe, der sich in der „Bekennenden Kirche" und im Widerstand gegen den Nationalsozialismus engagierte und hingerichtet wurde.

**Brot für die Welt**
Weltweites Entwicklungswerk der evangelischen Kirchen in Deutschland, das Menschen in armen Ländern hilft, ihre Lebenssituation zu verbessern.

**Brot und Wein**
Sichtbare Zeichen (➤ Symbole) für Gottes Nähe beim ➤ Abendmahl; manchmal ersetzt durch Oblaten und Traubensaft. ➤ S. 105

**Bundeslade**
Wertvoller Behälter, der wahrscheinlich die Steintafeln der ➤ Zehn Gebote enthielt, vielleicht auch ➤ Symbole, mit denen die ➤ Israeliten in den Krieg zogen. ➤ S. 60

**Chagall, Marc (1887-1985)**
Bedeutender Maler des 20. Jahrhunderts, der biblisch-religiöse Motive und Symbole verarbeitete. Nach seinem Tod wurden Bibeln mit seinen farbigen Illustrationen veröffentlicht: *Chagall-Bibel* und *Chagall-Bibel für Kinder*.

**Chagall-Bibel**
➤ Chagall, ➤ Bibel.

**Christus**
„Gesalbter" (griech.), Ausersehener, der Rettung und Heil bringt. Die Jünger fügten dem Namen Jesus den Titel Christus hinzu, um deutlich zu machen: „Dieser Jesus ist unser Christus, unser Retter, auf den wir vertrauen."

**David**
Der historische David lebte um 1000 vor Christus und stieg vom einfachen Hirtenjungen zum König des vermutlich recht kleinen

Königreichs Israel-Juda auf. In der ➤ Hebräischen Bibel sind seine ➤ Psalmen (Ps) und viele Erzählungen über ihn (1.-2. Sam, 1. Kön, 1. Chr) zu lesen. ➤ S. 54-64

### Dom
Eine große Kirche mit besonderer Bedeutung, Geschichte oder Architektur.

### Eisenkapelle
Am Ort einer 1823 abgerissenen Kapelle errichtete der Kunstglaser Sebastian Weiss in Eigeninitiative und siebenjähriger Bauzeit eine Eisenkapelle. Liebevoll als „Schrott-Kapelle" bezeichnet, ist sie aus Altmetall-Abfällen und Fundstücken zusammengeschweißt.

### Eisleben
Stadt in Sachsen-Anhalt (Harzvorland). Sie nennt sich „Lutherstadt", weil ➤ Martin Luther hier geboren und auch gestorben ist, obwohl er nicht das ganze Leben dort verbracht hat. ➤ S. 77

### Eisenach
Stadt in Thüringen. Sie nennt sich „Lutherstadt" und „Wartburgstadt", weil ➤ Martin Luther 1521 in der Burganlage der Wartburg (Weltkulturerbe) Schutz erhielt, als er verfolgt wurde. Er nannte sich Junker Jörg und arbeitete intensiv an seiner Bibelübersetzung aus dem Hebräischen und Griechischen.

### Evangelium
„Gute Nachricht" (griech.), die Botschaft und Predigt von Jesus ➤ Christus; im ➤ Neuen Testament gibt es vier Evangelien (Plural von Evangelium), die nach Jesu Tod von den Evangelisten Markus, Matthäus, Lukas und Johannes verfasst wurden. ➤ S. 31

### Evangelisch
Christliches Bekenntnis, das in der Reformationszeit durch Neuorientierung am ➤ Evangelium entstand und sich in verschiedene Richtungen weiterentwickelte. Dabei ist die evangelisch-lutherische eher von ➤ Martin Luther beeinflusst, die evangelisch-reformierte eher von Schweizer Reformatoren wie Zwingli und Calvin.

### Evangelisch-lutherisch
➤ evangelisch

### Evangelisch-reformiert
➤ evangelisch

### Fasten
Verzicht auf bestimmte Speisen und Getränke für einen oder mehrere Tage. Auch wenn sich nach evangelischer Überzeugung mit Fasten nicht Gottes Gnade erarbeiten lässt, ist die wohltuende Wirkung auf Geist und Körper bekannt und heute wieder aktuell.

### Franz(iskus) von Assisi (ca. 1181-1226)
Der Sohn eines wohlhabenden Kaufmannes versuchte in Armut nach dem Vorbild Jesu zu leben und gründete mit Gleichgesinnten den „Orden der Minderen Brüder"; er schrieb Gebete und Gesänge, z. B. den berühmten *Sonnengesang*. Die Leitung der katholischen Kirche, die ihn anfangs nicht anerkannte, sprach ihn bald nach seinem Tod heilig.

### Gat
Philisterstadt an Israels Westküste nahe ➤ Askalon. ➤ S. 55

### Gauck, Joachim (geb. 1940 in Rostock)
Nach Theologiestudium und Ordination in der DDR arbeitete er ab 1967 als evangelischer Gemeindepfarrer. Zum Ende der DDR engagierte er sich im „Neuen Forum"; 1990-2000 leitete er eine Bundesbehörde, die Akten des Ministeriums für Staatssicherheit verwaltet und auswertet. 2012-2017 war er Bundespräsident der BRD.

### Gaza
Philisterstadt an Israels Westküste nahe ➤ Askalon. ➤ S. 55

### Gebetshaus, Gotteshaus
In Synagoge (Judentum), Kirche (Christentum) oder ➤ Moschee (Islam) versammeln sich Gläubige zu Andacht, Gebet und Studium der heiligen Schriften.

### Gibea
Nach biblischer Überlieferung befand sich dort, nördlich von Jerusalem, die erste Residenz des ersten ➤ israelitischen Königs ➤ Saul; heute eine archäologische Stätte (Tell el-Ful). ➤ S. 55

### Glaubensartikel
In den ersten christlichen Jahrhunderten haben Christen gemeinsam ihren Glauben in einem ➤ Glaubensbekenntnis schriftlich erklärt, und zwar jeweils in Artikeln (Abschnitten, Unterpunkten) zu einzelnen theologischen Themen (Gott, Jesus ➤ Christus, Heiliger Geist).

### Gnadenstuhl
Mit solchen Bildern soll das Geheimnis der Dreifaltigkeit Gottes verdeutlicht werden: Gottvater, Kreuz und Heiliger Geist sind symbolisch miteinander verbunden.

### Glaubensbekenntnis
Immer wieder neu muss versucht werden, verständlich zum Ausdruck zu bringen, was man von Gott und dem Glauben weiß und erhofft. Im ➤ Gottesdienst wird gemeinsam das (Apostolische oder Nizänische) Glaubensbekenntnis gesprochen, das (in den ersten Jahrhunderten) durch Christen der frühen Kirche formuliert wurde (➤ Glaubensartikel); abgedruckt im Evangelischen Gesangbuch („Bekenntnisse der Kirche"). ➤ S. 74

### Gottesbild
Gemäß ➤ Bilderverbot soll Gott nicht auf menschliche Machwerke oder Götterstatuen in menschlicher Gestalt festgelegt werden. Doch hat jeder gläubige Mensch eine Art Gottesbild, das sich aus persönlichen Vorstellungen und Erfahrungen nährt und im Laufe des Lebens immer wieder verändert. ➤ S. 48

### Gottesdienst
Der evangelische Gottesdienst kann überall stattfinden, wo sich „zwei oder drei versammeln im Namen Jesu" (Mt 18,20). Besonders feierlich ist dies in gestalteten Räumen, die Ruhe und Andacht ausstrahlen. Es gibt sowohl Gottesdienste mit festgelegtem Ablauf wie zu bestimmten Themen oder Anlässen.

### Gleichnis
In den ➤ Evangelien ist nachzulesen, wie oft Jesus in Geschichten, besonders in Gleichnissen, gesprochen hat: „Das Himmelreich ist wie ..." Dabei greift er die damalige Lebenswelt unmittelbar auf; Saat auf den Feldern, Ernte im Weinberg, Tierherden und ihre Hirten. Durch die bildliche Redeform des Gleichnisses wird seine Botschaft auch für einfache Menschen anschaulich und nachvollziehbar. ➤ S. 12

# LEXIKON

**Goldenes Kalb**
Für die ▶ Israeliten gilt das biblische ▶ Bilderverbot. Deswegen sollen sie keine tierähnlichen Gottheiten verehren, schon gar nicht ein Kalb, das an fremde Religionen erinnert. ▶ S. 103

**Goliath und David**
Nach biblischer Überlieferung tritt zur Zeit der Philisterkriege (1. Sam 17) der schlichte Hirtenjunge ▶ David gegen den riesigen, hochgerüsteten Krieger Goliath an und besiegt diesen mit seiner Steinschleuder. ▶ S. 58

**Gotik**
Typisch für diesen Kirchenbaustil, der sich im 12. Jahrhundert aus der ▶ Romanik entwickelte, sind hohe, elegante Kreuzrippengewölbe, die auch als tragende Elemente dienen sollen. ▶ S. 96

**Großes Zittauer Fastentuch**
Das 8,20 × 6,80 Meter große mit biblischen Szenen bestickte Leintuch entstand 1472 und trennte in der Zittauer Johanniskirche in der Fastenzeit den Altarraum von der Gemeinde. Es hat eine abenteuerliche Geschichte hinter sich und ist heute im Zittauer Museum „Kirche zum Heiligen Kreuz" zu besichtigen. ▶ S. 30

**Hebräische Bibel**
Das sogenannte Alte Testament, überwiegend in Hebräisch geschrieben, ist als Tanach heilige Schrift der Juden und der erste Hauptteil der christlichen ▶ Bibel. ▶ S. 31

**Hebron**
Im 3. Jahrtausend vor Christus gegründete Stadt (930 Meter ü.d.M.), südlich von Jerusalem. ▶ S. 55

**Heiland**
Ein Retter oder Erlöser, der Heil und Heilung bringt. ▶ S. 101

**Heilig**
Neben Gott und der Heiligen Schrift gibt es auch im Alltag manchmal Dinge, die „uns heilig", also wichtig und unverzichtbar sind. Nach evangelischer Überzeugung ist jeder Mensch heilig, aber es gibt keine Heiligen, die angebetet und um Vermittlung bei Gott gebeten werden. ▶ S. 101

**Heiliger Geist**
Göttliche Kraft, die den Menschen hilft und beisteht. Nach biblischer Überlieferung (Joh 14,16) verließ Jesus die Welt, gab seinen Jüngern aber den Heiligen Geist als Tröster.

**Historisch**
Geschichtlich, nachweisbar, faktisch.

*Hoffnung für alle*
Name einer modernen Bibelübersetzung, die sich als „Liebesbrief Gottes" versteht. Immer wieder wird die ▶ Bibel neu übersetzt, um aktuell und verständlich zu bleiben.

**Israel (Volk Israel)**
Angehörige und Nachkommen der zwölf Stämme ▶ Israels. Die ▶ Israeliten bilden das Volk Israel, das aber nicht identisch ist mit dem modernen Staat ▶ Israel: Dieser wurde 1948 als Heimat für die im Holocaust verfolgten Juden gegründet. ▶ S. 54, 56

**Israel (Staat)**
In der Bibel: Königtum Israel, von Saul gegründet; heute: Moderner, demokratischer Staat, gegründet 1948. Seine Bewohner sind (jüdische, christliche oder muslimische) Israelis und Palästinenser. In der ▶ Hebräischen Bibel meint Israel das Volk Israel.

**Israeliten**
In den Texten der ▶ Hebräischen Bibel macht Gott die Israeliten zu seinem Volk, zum Volk Israel. ▶ S. 54, 56

**Israelitisch**
Zu den ▶ Israeliten der ▶ Hebräischen Bibel gehörend. Nicht zu verwechseln mit israelisch, also zum modernen Staat Israel gehörend.

**Jahwe**
Biblischer Gottesname, im Judentum aus Respekt nicht ausgesprochen (▶ Adonai). ▶ S. 49

**Jakob**
Biblischer Ahnvater des Volkes Israel, Sohn von Isaak (Sohn von ▶ Abraham).

**Jebusiter**
Volk im Vorderen Orient, das um die Zeit Davids neben weiteren kanaanäischen Stämmen das Gebirge Juda bewohnte.

**Jericho**
Die tiefstgelegene Stadt der Welt (250 Meter u.d.M.) am Westufer des Jordan.

**Jerusalem**
Stadt im judäischen Bergland (800 Meter ü.d.M.), zwischen Mittelmeer und ▶ Totem Meer gelegen. Dort errichtete König Salomon den Tempel. ▶ S. 55

**Jesus**
▶ Jesus von Nazareth. ▶ S. 64

**Jesus von Nazareth**
Stammte aus Galiläa und trat dort ab ca. 28 nach Christus als jüdischer Wanderprediger öffentlich auf. Wenige Jahre später wurde er von römischen Soldaten auf Befehl des Präfekten Pontius Pilatus gekreuzigt. Kreuzigen war im Römischen Reich eine übliche Art, (vermeintliche) Straftäter umzubringen. ▶ S. 64

**Jonatan**
Ältester Sohn von König ▶ Saul; als ▶ David Sauls Tochter Michal heiratete, wurde Jonatan Schwager seines Freundes David.

**Juda**
Region in den judäischen Bergen bei Jerusalem; danach benannt ist das Königtum Juda, nach biblischer Erzählung von König ▶ David gegründet. ▶ S. 55

**Kapitel**
Ein biblisches Buch ist in Kapitel unterteilt; diese sind in ▶ Verse unterteilt. ▶ S. 26f

**Käßmann, Margot (geb. 1958 in Marburg)**
Evangelisch-lutherische Theologin, Pfarrerin; Landesbischöfin (1999-2010), Ratsvorsitzende der Evangelischen Kirche in Deutschland (EKD; 2009 – 2010), Botschafterin für das Reformationsjubiläum 2017.

**Kaschmir**
Gebirgige Gegend nordöstlich von Pakistan, die von mehreren Staaten kriegerisch beansprucht wird.

### Katholisch
➤ Römisch-katholisch

### Kinderbibel
Angepasst an das jeweilige Alter der Kinder sind die biblischen Texte sprachlich vereinfacht und anschaulich bebildert.

### Kinderrechtskonvention
Diese Konvention (Übereinkunft) der Generalversammlung der Vereinten Nationen ist seit 1990 in Kraft, um die Menschenrechte von Kindern zu schützen. Kinder sind demnach Menschen vor dem 18. Lebensjahr bzw. vor der Volljährigkeit. ➤ S. 88

### Kirchenschiff
Längsraum einer Kirche. Mehrschiffige Kirchenbauten haben neben dem Hauptschiff noch Neben- oder Seitenschiffe. Symbolisch wurde die christliche Kirche auch als Schiff gesehen, in dem alle geborgen sind.

### Kleiner Katechismus
Schrift von Martin Luther, 1529 als Hilfe zum Unterrichten und Unterweisen im christlichen Glauben verfasst. Manche nutzten ihn auch als Lehrbuch zum Lesen- und Schreibenlernen. ➤ S. 77

### Koran
Heiliges Buch des Islam, nach muslimischem Glauben von Gott selbst offenbart (wörtlich diktiert). Der Koran besteht aus 114 Suren (Unterkapiteln) mit unterschiedlich vielen ➤ Versen.

### Kreuz
Im Römischen Reich wurden (vermeintliche) Straftäter oft gekreuzigt. Nach christlichem Glauben zeigt Gott gerade im Kreuzestod Jesu seine Nähe zu menschlichem Leid. Das Kreuz wurde so zum Symbol des Christentums. ➤ S. 104

### Lamm (Gottes)
Das Lamm als Opfertier wurde in der Kirchenkunst ein Symbol für Jesu Demut, Gehorsam, Kreuzestod und Überwindung des Todes. ➤ S. 105

### Martin Luther (1483-1546)
Der theologische Urheber der ➤ Reformation. Als Theologieprofessor und verzweifelt nach Gott suchender Mönch entdeckte er in Paulus' Römerbrief die Gnadenzusage Gottes neu für sich. Dies wollte er allen Christen zukommen lassen und dadurch kirchliche Missstände überwinden. In seinen theologischen Studien versuchte er, Sinn und Wortlaut der Botschaft Gottes allen Menschen zugänglich und sie so von theologischer Bevormundung unabhängig zu machen. Er begann 1521 auf der ➤ Wartburg, die ➤ Bibel ins Deutsche zu übertragen. ➤ S. 32, 77

### Lutherbibel
Eine deutsche Übersetzung des Alten und Neuen Testaments aus der hebräischen, aramäischen und altgriechischen Sprache, 1521 von Martin ➤ Luther begonnen, zusammen mit anderen Theologen fortgesetzt und laufend aktualisiert. Die Lutherbibel wird regelmäßig überarbeitet und neu herausgegeben, z.B. zum Reformationsjubiläum 2017. ➤ S. 32

### Lutherrose
Ein Siegel (Wappen), das Martin ➤ Luther als „Merkzeichen" 1530 selbst entwarf. Heute ist die Lutherrose ein Symbol der ➤ evangelisch-lutherischen Kirchen, z.B. auf der Lutherbibel. ➤ S. 33

### Messias
Das hebräische Wort Messias bedeutet Gesalbter (➤ Christus) und kennzeichnet den von Gott gesandten König und Erlöser der Juden.

### Michal
Die jüngste Tochter des israelitischen Königs Saul verliebte sich in den Schafhirten David und wurde seine Frau. Später fing sie aber an, ihren Mann zu verachten.

### Mose
Dass Mose selbst die ersten fünf Bücher der Bibel (Pentateuch) geschrieben hat, ist eher unwahrscheinlich. Allerdings spielt er nach biblischer Überlieferung in den Büchern Mose (➤ S. 27) eine zentrale Rolle: Im Auftrag Gottes führt er die ➤ Israeliten aus der Sklaverei in die Freiheit. Der Weg aus Ägypten in das von Gott versprochene Land dauert vierzig Jahre.

### Moschee
Muslimisches ➤ Gebetshaus und Gotteshaus.

### Mumben auf Eljo
Mumben sind in J. Gaarders Buch *Hallo, ist da jemand?* Bewohner des Planeten Eljo; einer von ihnen, Mika, landet per Sternschnuppe auf der Erde, wo er den Menschen spannende Fragen stellt.

### Nathan
Ein Prophet der ➤ Israeliten zur Regierungszeit von ➤ David. Nachdem er ihn anfangs als König unterstützt hatte, wurde er zu seinem schärfsten Kritiker.

### Neues Testament
Zusammenstellung von 27 in Griechisch verfassten Schriften des ➤ Urchristentums, in denen Jesus ➤ Christus als Sohn Gottes und ➤ Messias verkündet wird. ➤ S. 30f

### New Orleans
Größte Stadt des Bundesstaats Louisiana/USA, 2005 vom Tropensturm (Hurrikan) Katrina zerstört.

### Noah
Als Gott nach biblischer Überlieferung sah, dass seine Gebote nicht gehalten wurden, befahl er Noah, eine Arche (Hausboot) zu bauen, in der er, seine Familie und Tiere die Flut überlebten. ➤ Sintfluterzählung; ➤ S. 104

### Novalis
Philosoph, Schriftsteller der Frühromantik. Sein echter Name war Georg Philipp Friedrich von Hardenberg (1772-1801).

### Olivenzweig
Um den Zustand der Erde zu prüfen, ließ ➤ Noah eine Taube losfliegen. Als sie mit einem grünen Zweig von einem Olivenbaum zurückkehrte, wusste er, dass die ➤ Sintflut vorbei, das Wasser abgelaufen und das Land wieder fruchtbar war.

### OSB
**(lat. *Ordo Sancti Benedicti*, Orden des heiligen Benedikt)**
Dieser katholische Orden beruft sich auf Benedikt, 480 in Nursia geboren. Er lebte als Eremit (Einsiedler).

# LEXIKON

### Ostern
Christliches Fest, an dem Jesu Auferstehung und Überwindung des Todes gefeiert wird.

### Pappenheim
Stadt im mittelfränkischen Altmühltal, ca. 70 Kilometer südlich von Nürnberg.

### Paradiesgeschichte
Erzählung folgenden Inhalts: Als Gott sah, dass die Menschen seine Gebote nicht respektierten, vertrieb er sie aus dem Garten Eden, dem Paradies. Danach wurde das Leben schwerer und härter für sie. Paradies-, ➤ Schöpfungs- und ➤ Sintflutgeschichten gibt es in vielen Religionen. ➤ S. 83, 85

### Pastor (lat. Hirte)
Der Berufstitel für Geistliche im Dienst der Kirche wird durch Ordination (weihevolle Einsetzung) verliehen. Für evangelische Geistliche ist die Berufsbezeichnung Pastor / Pastorin eher in Norddeutschland üblich, ansonsten Pfarrer / Pfarrerin.

### Paulus
Missionar des Christentums, ca. 30 nach Christus in Tarsus geboren (heutige Türkei). Als Jude bekämpfte er die Christen erst, wurde dann aber nach einem Bekehrungserlebnis „vom eifernden Christenverfolger zum eifrigen Verkündiger" des ➤ Evangeliums. Er hat wichtige Schriften des ➤ Neuen Testaments verfasst und wurde in Rom wahrscheinlich zum Opfer der Christenverfolgung durch Kaiser Nero.

### Pfingsten
Fest, an dem 50 Tage nach ➤ Ostern die Ausgießung des ➤ Heiligen Geistes und der „Geburtstag der Kirche" gefeiert wird.

### Pharisäer
Eine besonders fromme jüdische Religionspartei in römischer Zeit.

### Philister
Volk an der Mittelmeerküste, mit dem die ➤ Israeliten heftige Grenzstreitigkeiten hatten. Die Philister bildeten aus fünf Städten (u. a. ➤ Askalon, ➤ Gat, ➤ Gaza) ein starkes Militärbündnis.

### Pilgerweg
Strecke, auf der Pilger, oft zu besonderen Pilgerorten, unterwegs sind auf der Suche nach Meditation und Gottesnähe. Unterwegs wird gemeinsam gebetet, gesungen und ➤ Gottesdienst gefeiert. ➤ S. 14

### Plan (International)
Kinderhilfswerk, 1937 von J. Langdon-Davies gegründet. ➤ UNICEF

### Prophet
Jemand, der sich von Gott berufen weiß, um seine Wahrheit zu verkünden, die Menschen zu ermahnen und vor Schlimmem zu warnen oder ihnen Hoffnung zu machen.

### Psalm (Plural Psalmen)
Religiöses Gedicht oder Lied. Die biblische Sammlung der 150 Psalmen wird auch als Buch der Psalmen (Ps) oder ➤ Psalter bezeichnet. Manche Psalmen werden ➤ David zugeschrieben. ➤ S. 50, 26, 54

### Psalter
Buch der Psalmen, biblische Sammlung von 150 Psalmen. ➤ S. 26, 50

### Rama
In der Bibel (1. Sam 1) als Stadt ➤ Samuels bezeichnet. Es ist unklar, wo genau sie lag. ➤ S. 55

### Reich Gottes
Begriff aus der Bibel, der die Sehnsucht der Menschen nach Gottes Gerechtigkeit zum Ausdruck bringt und die „Königsherrschaft Gottes" ankündigt. ➤ S. 18

### Richter
Das Buch der Richter (➤ Altes Testament) besteht aus 21 Kapiteln und behandelt eine Epoche in der Geschichte Israels. Statt Königen sollten damals Richter das Land regieren, und zwar jeweils von Gott bestimmt, zeitlich begrenzt und ohne feste Thronfolge. ➤ S. 54

### Römisch-katholisch
Von den christlichen Kirchen der ältere, vorreformatorische Teil. Sie versteht sich als „Weltkirche" und hat ihr Zentrum in Rom (Papst, Vatikan).

### Romanik
Kirchenbaustil mit massiven Rundbögen ab ca. 1000 nach Christus, aus dem sich später die ➤ Gotik entwickelte. ➤ S. 96

### Salomo
Der dritte König in Israel nach ➤ Saul und ➤ David. Er ließ in Jerusalem den ersten Tempel und einen bescheidenen Königspalast bauen. ➤ S. 64

### Samuel
Der Gottesmann (Prophet), von dem die Samuelbücher (1.-2. Sam) erzählen, war gleichzeitig auch der letzte ➤ Richter Israels. Auf göttliche Weisung (Offenbarung) hin salbte er ➤ Saul zum ersten König Israels. Damit begann nach der Richterzeit die Königszeit. ➤ S. 54, 56f, 60

### Saul
Der erste König von Israel, das vorher aus einzelnen Stämmen bestand. Thronnachfolger wurde sein Schwiegersohn ➤ David, auf den Saul später aber oft eifersüchtig war. ➤ S. 56f, 60

### Schlüsselwort
Schlagwort, Stichwort, Hauptbegriff.

### Schöpfungserzählung(en)
Die Bibel enthält nicht nur eine Schöpfungserzählung, sondern gleich zwei recht unterschiedliche (1. Mose 1 und 2-3). Daneben erzählt sie in vielen Texten, Bildern und Vergleichen immer wieder anders von Gott als dem kreativen Erschaffer. Es geht dabei nicht um wissenschaftlich exakte Laborberichte, sondern um Glaubensaussagen. ➤ S. 82f, 85

### Schorlemmer, Friedrich
(geb. 1944 in Wittenberge/Brandenburg)
Evangelischer Theologe und Pfarrer in der DDR. Als Mitinitiator der Bürgerrechtsbewegung „Schwerter zu Pflugscharen" (Zitat aus Mi 4,3) stand er in Opposition (politischem Gegensatz) zum DDR-Regime.

### Schriftgelehrter
Jemand, der sich in der Heiligen Schrift gut auskennt und andere Menschen darin unterweist.

### Schwabenkind
In Zeiten großer Not schickten arme Bergbauern ihre Kinder manchmal weg. Diese mussten dann durch die Alpen wandern, um auf großen Bauernhöfen Arbeit zu finden und Geld zu verdienen.

### Segen
Wunsch, Fürbitte, Gebet um göttlichen Schutz und Beistand für jemanden oder etwas, meist begleitet von Segenswünschen, Formeln, freundlichen Gesten oder Zeichen der Zuwendung Gottes. In der Kirche wird am Ende des ➤ Gottesdienstes Segen gespendet oder erbeten, meist in der Aaronitischen Segensformel aus der Bibel (4. Mose 6; ➤ S. 19). Eine gesegnete Person kann anderen wieder zum Segen werden und Gutes bewirken. ➤ S. 19

### Sintfluterzählung
Erzählungen von Sintflut, ➤ Paradies und ➤ Schöpfung gibt es in vielen Religionen. Nach Erschaffung der Welt und Menschen sah Gott, dass sich das Böse ausbreitete (Kain und Abel), und schickte sintflutartigen Dauerregen, was nur wenige Menschen und Tiere in der Arche ➤ Noah überlebten.

### Symbol
Als Zeichen für Dinge, die sich kaum begreifen oder abbilden lassen, verwendet der Glaube Sinn- und Sprachbilder; z. B. ➤ Kreuz, ➤ Taube, ➤ Wasser. ➤ S. 47, 104f

### Synagoge
Jüdisches ➤ Gebets- und Gotteshaus.

### Taube
In der Kirchenkunst oft als ➤ Symbol für den ➤ Heiligen Geist benutzt. ➤ S. 104

### Taufe
Durch Taufe sind Christen aufgenommen in die Gemeinschaft mit Gott. Die zu taufende Person (Täufling) wird symbolisch mit Wasser benetzt und mit einem persönlichen Taufspruch gesegnet. ➤ S. 105, 38

### Tirol
Alpenregion in Österreich.

### Totes Meer
Ein Becken im Großen Afrikanischen Grabenbruch, in das der Fluss Jordan mündet, sich als Salzsee staut und verdunstet. Wegen des extrem hohen Salzgehalts Totes Meer genannt, liegt es am tiefsten Punkt der Erde, weit unter dem Meeresspiegel (428 Meter u.d.M.), und ist wegen der gesundheitsfördernden Salze und Mineralien nicht nur touristisch interessant. ➤ S. 55

### UNICEF
Kinderhilfswerk, gegründet 1946 von den Vereinten Nationen als entwicklungspolitische Organisation; vgl. ➤ Plan, ➤ UNHCR, ➤ Brot für die Welt.

### UNHCR
Flüchtlingshilfswerk der Vereinten Nationen (UNO-Flüchtlingshilfe), gegründet 1980.

### Urchristentum
Anfangszeit des Christentums (ca. 30-100 nach Christus), vom öffentlichen Auftreten Jesu bis zur letzten schriftlichen Abfassung der Schriften des ➤ Neuen Testaments.

### Uria ➤ Batseba. ➤ S. 62

### Urknall
Früher versuchte man den Beginn des Kosmos (Weltalls, Universums) mit Theorien von einem „Uratom" oder „kosmischen Ei" zu erklären, heute gilt die Urknalltheorie als Standard. Der Urknall (Big Bang), bei dem sich die gesamte im Universum vorhandene Energie bündelte, explodierte und ausdehnte, muss vor etwa 14 Milliarden Jahren geschehen sein. Allerdings ist damit noch nicht erklärt, warum das Universum überhaupt begann und was davor war.

### Vaterunser
Das Grundgebet der Christenheit, von Jesus selbst gesprochen, wird von Christen aller Kirchen und Konfessionen gebetet, meist gemeinsam im ➤ Gottesdienst. Wer getauft und konfirmiert ist, kann es meist auswendig.

### Verlorener Sohn
Mit dieser Geschichte (Lk 15,11-32) beschreibt Jesus die väterliche Liebe und Vergebung (Gottes). Obwohl der Sohn „Mist gebaut" hat und erst umkehrt, als er nicht mehr weiter weiß, verzeiht ihm der Vater. ➤ S. 12, 41

### Vers
Fast die kleinste Einheit eines Bibeltextes; kleiner sind nur Teil- oder Halbverse. ➤ S. 26f

### Wartburg
Burganlage (Weltkulturerbe) über der Stadt ➤ Eisenach in Thüringen.

### Wasser
Religiös verstanden steht Wasser als ➤ Symbol für Reinigung und Lebenskraft.

### Zachäus
Wer damals als Zollpächter mit den Römern kollaborierte, wurde verachtet, und trotzdem kam es zu einer tiefen Begegnung zwischen Jesus und Zachäus.

### Zehn Gebote (Zehn Worte, Dekalog)
Eine Zusammenstellung von Ge- und Verboten für das Verhalten gegenüber Gott und den Mitmenschen, die Mose laut biblischer Erzählung von Gott selbst verkündet wurden; später wurden sie auf Steintafeln geschrieben. ➤ S. 15

### Ziklag
Biblischer Ort im Süden des heutigen Israel, nahe Beersheva. Hier wurde David König und später, nach der Eroberung Jerusalems, Nachfolger von König ➤ Saul. ➤ S. 55

### Zoll
Behörde, die den Warenverkehr überwacht und Zoll- und Steuerabgaben erhebt.

### Zugspitze
Deutschlands höchster Berggipfel (2962 Meter ü.d.M.), südwestlich von Garmisch-Partenkirchen.

# TEXTNACHWEIS

Alle Bibelzitate, wenn nichts anderes vermerkt:
Lutherbibel, revidiert 2017, © 2016 Deutsche Bibelgesellschaft, Stuttgart

## Kapitel 1: Ich und die anderen
### S. 8-9
1: Lars Bednorz
3: Lars Bednorz
4: Lars Bednorz
5: Lars Bednorz

### S. 10-11
1: Andreas Steinhöfel: Rico, Oskar und die Tieferschatten. Hamburg: Carlsen 2008, S. 32f. [gekürzt]
2: Regina Schwarz. In: Ursula Remmers, Ursula Warmbold (Hg.): Ich und Du und große Leute. Stuttgart: Reclam 2004, S. 19
3: Jürgen Spohn. In: Ursula Remmers, Ursula Warmbold (Hg.): Ich und Du und große Leute. Stuttgart: Reclam 2004, S. 18
4: Frantz Wittkamp. In: Ursula Remmers, Ursula Warmbold (Hg.): Ich und Du und große Leute. Stuttgart: Reclam 2004, S. 17

### S. 12-13
2: Beatrix Moss, Ilsetraud Köninger: Die Chagall-Bibel für Kinder. 2. Aufl. Stuttgart: Verlag Katholisches Bibelwerk 2010, S. 112f.

### S. 14-15
1: Günther Jakobs (Red.: Susanne Niemeyer): Typisch! Kleine Geschichten für andere Zeiten. 6. Aufl. Hamburg: Andere Zeiten 2007, S. 6
2: Hape Kerkeling: Ich bin dann mal weg: Meine Reise auf dem Jakobsweg. 16. Aufl. München: Malik 2006, S. 345
4: https://www.ekd.de/glauben/zehn_gebote.html, abgerufen am 20.07.2016
5: Hans-Hermann Pompe: http://www.zmir.de/wp-content/uploads/2016/02/05_Zehn-Gebote-12-Einheiten-f%C3%BCr-Kleingruppen.pdf, S. 4, abgerufen am 06.02.2017

### S. 16-17
2: Petrus Ceelen / Carlo Caretto. In: Bundesleitung der Katholischen Jungen Gemeinde (Hg.): Beten durch die Schallmauer. Impulse und Texte. 11., überarbeitete Aufl. Neuss: KJG Bundesstelle e.V. 2000, S. 34
4: Nach Margot Käßmann: Sehnsucht nach Leben Asslar: adeo Verlag 2011, S. 165
5: http://www.das-eselskind.com/2011/06/hilfsbereitschaft-ist-eine-wundervolle.html, abgerufen am 8.6. 2016

### S. 18-19
1: Quelle: Beatrix Moss, Ilsetraud Köninger: Die Chagall-Bibel für Kinder. 2. Aufl. Stuttgart: Verlag Katholisches Bibelwerk 2010, S. 121f.
3: Jörg Zink: Wie wir beten können. Stuttgart: Kreuz Verlag 1970, S. 276

### S. 20-21
3: Lars Bednorz und Marina Parlitz

## Kapitel 2: Die Bibel und ihre Geschichten
### S. 24
Karl Barth: Die neue Welt in der Bibel (1917). In: Hans-Anton Dreewes (Hg.): Karl Barth. Vorträge und kleinere Arbeiten 1914-1921. Zürich: Theologischer Verlag 2012, S. 323

### S. 26-27
Lutherbibel 2017: Lutherbibel, revidiert 2017, © 2016 Deutsche Bibelgesellschaft, Stuttgart

### S. 28-29
1: Karl Barth: Die neue Welt in der Bibel (1917). In: Hans-Anton Dreewes (Hg.): Karl Barth. Vorträge und kleinere Arbeiten 1914-1921. Zürich: Theologischer Verlag 2012, S. 323
2: Friedrich Schorlemmer. In: Klaus Möllering (Hg.): Worauf du dich verlassen kannst. Prominente schreiben ihren Enkeln. Leipzig: Evangelische Verlagsanstalt 1999, S. 163-164 (leicht verändert, gekürzt)
3: Unveröffentlichte Textsammlung Petra Freudenberger-Lötz
4: Maria Jepsen. In: Klaus Möllering (Hg.): Worauf du dich verlassen kannst. Prominente schreiben ihren Enkeln. Leipzig: Evangelische Verlagsanstalt 1999, S. 183-184 (gekürzt)

### S. 30-31
1: Erich Kästner: Pünktchen und Anton. 121. Aufl, Hamburg: Cecilie Dressler Verlag o.J. © Atrium Verlag, Zürich 1935, erstmals erschienen 1931 im Williams & Co. Verlag, Berlin, S. 8f.

### S. 32-33
Biblia Hebraica Stuttgartensia, hg. v. Karl Elliger und Wilhelm Rudolph, fünfte, verbesserte Auflage, hg. v. Adrian Schenker, © 1977 und 1997 Deutsche Bibelgesellschaft, Stuttgart
Biblia Sacra Iuxta Vulgatam Versionem, fünfte, verbesserte Auflage, hg. v. Roger Gryson, © 2007 Deutsche Bibelgesellschaft, Stuttgart
Nestle-Aland, Novum Testamentum Graece, 28., revidierte Auflage, hg. v. Barbara und Kurt Aland, Johannes Karavidopoulos, Carlo M. Martini und Bruce M. Metzger in Zusammenarbeit mit dem Institut für Neutestamentliche Textforschung, Münster, © 2012 Deutsche Bibelgesellschaft, Stuttgart
2: Helmar Junghans, Ulrich Köpf, Karl Stackmann: WA, Luthers Briefwechsel. 5. Band. Weimar: H. Böhlaus 1930, S. 444f. (Nr. 1628)

### S. 34-35
1: Text: Pfarrer Hans-Hermann Bittger. Melodie: Kanon für zwei Stimmen, Joseph Jacobsen 1935. Textrechte: Bistum Essen. Melodienrechte: Rechtsnachfolger des Urhebers
2: Jan Thiede
3: Jan Thiede
4: Rainer Oberthür: Die Bibel für Kinder und alle im Haus. 10. Aufl. München: Kösel-Verlag 2015, S. 17f.

### S. 38-39
3: Joachim Gauck. In: Klaus Möllering (Hg.): Worauf du dich verlassen kannst. Prominente schreiben ihren Enkeln. Leipzig: Evangelische Verlagsanstalt 1999, S. 60-61 (Rechtschreibung angeglichen)

### S. 42-43
1: Friederike Gosdzinski

## Kapitel 3: Lebenswege mit Gott
### S. 48-49
2: Vgl. zum Text: Petra Fietzek: In der Stille des Morgens. Inspirationen für den Tag. Stuttgart: Katholisches Bibelwerk 2016, S. 83-85
5: Nach Friedemann Regner: Pucki. In: Eckhart Marggraf und Martin Polster (Hg.): Unterrichtsideen Religion 6. Schuljahr. Stuttgart: Calwer Verlag 1997, S. 103 f.

### S. 52-53
1: Text: Gerhard Schöne. Melodie: Johann Georg Ahle 1671. Copyright: Buschfunk Produktion, Berlin
2: Text: Klaus Peter Hertzsch. Melodie: 16. Jh. Copyright: Rechte beim Urheber
3: Text: Kurt Rose. Melodie: Detlev Jöcker. Copyright: Menschenkinder Verlag, Münster

### S. 58-59
4: Elisabeth Zöller: Der Klassen-King. Hamburg: Carlsen 1999, S. 50-53

### S. 62-63
2: 2. Samuel 12,1-6. Zit. nach der Übersetzung *Hoffnung für alle*®, Copyright © 1983, 1996, 2002, 2015 by Biblica, Inc.®. Verwendet mit freundlicher Genehmigung des Herausgebers Fontis.

### S. 64-65
3: SCHWARZES KREUZ Christliche Straffälligenhilfe e.V.: Kraftwerk. Kalender 2016. Kalenderblatt Woche 26
4: Evangelisch-Lutherische Kirche in Bayern: Evangelisches Gesangbuch, Ausgabe für die Evangelisch-Lutherische Kirche in Bayern und die Evangelische Kirche in Mitteldeutschland im Gebiet der ehemaligen Evangelisch-Lutherischen Kirche in Thüringen, Nr. 361, Strophe 1
5: Evangelisches Jugendwerk in Württemberg (Hg.): Gott hält. Andachten 2006. Stuttgart buch+musik (o.J.), S. 43
6: Petra Freudenberger-Lötz: „Alle meine Freunde glauben an Gott, aber sie können nicht erklären, warum" - Studierende entdecken die Zugänge von Kindern zur Frage nach Gott. In: Petra Freudenberger-Lötz und Ulrich Riegel (Hg.): „Mir würde das auch gefallen, wenn er mir helfen würde". Baustelle Gottesbild im Kindes- und Jugendalter. Jahrbuch für Kindertheologie Sonderband. Stuttgart: Calwer Verlag 2011, S. 130

### S. 66-67
3: Gretl Zottmann. In: Willy Grüninger und Erwin Brandes (Hg.): Atempausen. Gedanken für jeden Tag des Jahres, Stuttgart: Kreuz Verlag 1977, S. 196

## Kapitel 4: Von Gott erschaffen
### S. 68-69:
S. 69: Kierkegard: | Einstein: | Don Bosco: | Gandhi: Stefanie Pfennig (Hg): Momente der Ruhe, Germering: Groh Verlag 2013

### S. 72-73
2: „barfuß", Franziskus von Assisi Lesebuch, 3. Aufl. Werl: Dietrich-Coelde-Verlag 1992, S. 97
4: Rainer Maria Rilke: Die Gedichte. Frankfurt a. M.: Insel Verlag 2006, S. 210
5: Nach: https://www.amnesty.de/journal/2014/juni/platz-ist-noch-im-kleinsten-boot, abgerufen am 17.3. 2016. Autor: Andreas Unger, Dolmetscherin: Sabine Wimmer

### S. 74-75
1: Lars Bednorz
2: https://www.ekd.de/glauben/apostolisches_glaubensbekenntnis.html, abgerufen am 15.12.2016
3: Projekt Schulgottesdienst. Gütersloh: Gütersloher Verlagshaus 2007, S. 226f.
4: Projekt Schulgottesdienst. Gütersloh: Gütersloher Verlagshaus 2007, S. 224

### S. 76-77
1: relilex.de/glaube/, abgerufen am 8.6. 2016. Autor: Mario Reinhardt
2: https://www.ekd.de/glauben/grundlagen/kleiner_katechismus_2.html, abgerufen am 8.6. 2016
3: http://kurzbiografie.com/martin-luther/, abgerufen am 16.11.2016. Copyright © 2017 krmPRODUCTS. All Rights Reserved.
5: relilex.de/katechismus/, abgerufen am 16.11. 2016. Autorin: Christiane Schulz

### S. 78-79
2: Othmar Franz Lang: Hungerweg. Das Schicksal der Schwabenkinder. 20. Aufl. München: dtv 2015, S. 142-143

### S. 80-81
1: Margot Käßmann: Wie ist es so im Himmel? Kinder fragen nach Gott und der Welt. Freiburg im Breisgau: Herder 2006, S. 124
2: Dietrich Bonhoeffer: Von guten Mächten wunderbar geborgen. 2. Aufl. Gütersloh: Gütersloher Verlagshaus 2015, S. 52
3: Rafik Schami: „Wie sehe ich aus?", fragte Gott. 4. Aufl. Frankfurt/Main: edition chrismon 2014, S. 48-51

### S. 82-83
1: Rainer Oberthür: Die Bibel für Kinder und alle im Haus. 10. Aufl. München: Kösel-Verlag 2015, S. 25
2: Rainer Oberthür: Die Bibel für Kinder und alle im Haus. 10. Aufl. München: Kösel-Verlag 2015, S. 30, 32

### S. 84-85
1: Jostein Gaarder (Übersetzerin: Gabriele Haefs): Hallo, ist da jemand? München: Carl Hanser 1999, S. 77-78
3: Unveröffentlichte Textsammlung Petra Freudenberger-Lötz
4: Rainer Oberthür: Die Bibel für Kinder und alle im Haus. 10. Aufl. München: Kösel-Verlag 2015, S. 21

### S. 86-87
1: Lars Bednorz und relilex.de/gott/, abgerufen am 11. 2. 2016. Autor: Mario Reinhardt
2: http://webcache.googleusercontent.com/search?q=cache:bhFmE09iCCMJ:www.heiligen-geist.de/fileadmin/kircherostock/Predigtarchiv/Krone_der_Schoepfung.docx+&cd=4&hl=de&ct=clnk&gl=de, abgerufen am 8.6. 2016. Autor: Pastor Marcus Antonioli

### S. 88-89
1: http://www.engelbrecht-media.de/s_spuren_am_weg.html, abgerufen am 8.6. 2016. Autor: Herbert Stiegler, nach einem afrikanischen Märchen, leicht umgeschrieben.
2: http://www.unicef.de/blob/9364/a1bbed70474053cc61d1c64d-4f82d604/d0006-kinderkonvention-pdf-data.pdf, abgerufen am 8.6. 2016
3: Lars Bednorz

### S. 90-91
1: Lars Bednorz

## Kapitel 5: Spuren des Glaubens
### S. 96-97
1: Michael Wallner
5: Aus: Evangelisch-Lutherische Kirche in Bayern: Evangelisches Gesangbuch, Ausgabe für die Evangelisch-Lutherische Kirche in Bayern und die Evangelische Kirche in Mitteldeutschland im Gebiet der ehemaligen Evangelisch-Lutherischen Kirche in Thüringen, Nr. 726

### S. 98-99
1: Udo Schmoll, München
2: Vgl. Evangelisch-Lutherische Kirche in Bayern: Evangelisches Gesangbuch, Ausgabe für die Evangelisch-Lutherische Kirche in Bayern und die Evangelische Kirche in Mitteldeutschland im Gebiet der ehemaligen Evangelisch-Lutherischen Kirche in Thüringen, Nr. 718

### S. 102-103
1: http://www.express.de/kardinal-meisner--dom-fenster-passt-besser-in-eine-moschee---22219834, abgerufen am 5.7. 2016

# BILDNACHWEIS

Agentur Focus, CLAUDE NURIDSANY & MARIE PERENNOU, SPL, Hamburg – S. 68;
Archiv für Kunst und Geschichte, Berlin – S. 40, 44, 48, 104;
- / Yvan Travert – S. 54, 103;
Archiv i.motion gmbh, Bamberg – S. 55, 83, 85;
Artothek / Blauel, Weinheim – S. 72;
Lars Bednorz, Duderstadt – S. 9, 22 (2);
Susanne Bednorz, Duderstadt – S. 6, 19, 20, 87, 89;
bpk-Bildagentur / RMN, Grand Palais, Berlin – S. 64;
- / Sprengel-Museum Hannover, Michael Herling, Benedikt Werner – S. 56;
Quint Buchholz, Bücherwaage. Aus: Quint Buchholz, BuchBilderBuch © Carl Hanser Verlag, München 1997 – S. 24;
Heinrich Gerhard Bücker, Steyler Verlag, Sankt Augustin – S. 61;
Coverartwork nach Dr. Ulrike Bail / Frank Crüsemann / Marlene Crüsemann (Hrsg.), Bibel in gerechter Sprache, erschienen im Gütersloher Verlagshaus, in der Verlagsgruppe Random House GmbH, München – S. 42
David und Goliath: Annegert Fuchshuber. Aus: Laubi / Fuchshuber, Kinderbibel © Verlag Ernst Kaufmann, Lahr – S. 58;
„Der Schöpfungsweg", Bilder: Werner Steinbrecher, © Urlaubsregion Ebstorf e.V., www.schoepfungsweg.de – S. 82;
Depositphotos / Outstyle – S. 63;
Deutsche Bibelgesellschaft, Stuttgart – S. 27, 32 (3), 33, 42 (3);
dpa Picture-Alliance / Richard Bryant-Arcaid, Frankfurt – S. 48;
- / Heritage Images, Fine Art Images – S. 102;
- / Ikon Images, Gary Waters – S. 28;
- / Photoshot – S. 79;
- / primaonline, Patrick Frischknecht – S. 38;
- / Jürgen Raible – S. 81;
- / Süddeutsche Zeitung Photo, Stephan Rumpf – S. 99;
- / westend61 – S. 47;
Dreamstime / Leigh Prather – S. 86;
Einheitsübersetzung der Heiligen Schrift, vollständig durchgesehene und überarbeitete Ausgabe © 2016, Katholische Bibelanstalt GmbH, Stuttgart. Alle Rechte vorbehalten – S. 42;
Evangelischer Presse Dienst epd / Thoman Lohnes, Frankfurt – S. 106;
- / Rainer Oettel – S. 105;
- / Steffen Schellhorn – S. 77;
- / Matthias Schumann – S. 30;
- / Rolf Zoellner – S. 104;
Fotolia / Kevron2001 – S. 29;
- / Spencer – S. 21;
Getty Images / larry braunphotography.com – S. 71;
Jörgen Habedank: Raum für die Liebe. Acryl + Collage/Papier 40 x 30 cm; 2012. www.farbige-kunst.de – S. 70;
Katrin Hattenauer, Berlin – S. 60;
Br. Thomas Hessler OSB, Europakloster Gut Aich, St. Gilgen – S. 16;
iStockphoto / kajakiki – S. 73;
Katholische Nachrichten-Agentur / Markus Nowak, Bonn – S. 38;
- / Harald Oppitz – S. 39;
Linus Klie, Duderstadt – S. 19;

Othmar Franz Lang, Hungerweg, dtv Verlagsgesellschaft mbH & Co. KG, München – S. 78;
Le Buffet Restaurant & Café Gesellschaft mbH, Essen / „Die 10 Gebote des guten Geschmacks, 2014" – S. 36;
Christa Link, Pappenheim – S. 98;
Mauritius Images / imageBROKER, Bernd Pfeifer – S. 39;
Oberfränkischer Ansichtskartenverlag Wolfgang Bouillon, Bayreuth – S. 96;
Ulrich Parlitz, Gleichen – S. 18;
Pitopia / Stefan Arendt – S. 62;
© PLAYMOBIL / geobra Brandstätter Stiftung & Co. KG, Zirndorf – S. 41
Gerhard Richter, Köln (Entwurf) / Dombauhütte Köln, Matz und Schenk – S. 100;
Anna Röttgers, www.anemina.com, Mainz – S. 36;
Schlachter 2000 © Genfer Bibelgesellschaft – S. 42;
SCM Verlag, Holzgerlingen – S. 42;
Stiftung Forschungsstelle Glasmalerei des 20. Jh. e.V., Mönchengladbach – S. 102;
Stiftung Frauenkirche Dresden, Foto: Grit Jandura – S. 103;
Stefan Schweigert, Berlin – S. 46;
Thinkstock / DesignPics – S. 46;
- / Hemera, Mikael Damkier – S. 8;
- / Hemera, Hermann Liesenfeld – S. 14;
- / Hemera, Geo Martinez – S. 74;
- / Ingram Publishing – S. 46;
- / iStockphoto, ewastudio – S. 11;
- / iStockphoto, feferoni – S. 74;
- / iStockphoto, Graham Heywood – S. 94, 95;
- / iStockphoto, Sandra Kavas – S. 46;
- / iStockphoto, leonello – S. 86;
- / iStockphoto, Mastamak – S. 80;
- / iStockphoto, OceanFishing – S. 84;
- / iStockphoto, Picsfive – S. 10;
- / iStockphoto, SKatzenberg – S. 14;
- / iStockphoto, SStajic – S. 52;
- / iStockphoto, standret – S. 46;
- / iStockphoto, Straitel – S. 76;
- / iStockphoto, Tolola – S. 49;
- / Photick, Frederic Cirou – S. 66;
- / Photodisc, Stewart Sutton – S. 46;
- / Pixland, Jupiterimages – S. 46;
Annett Tropschug, Burgstädt – Cover; TVZ Theologisher Verlag, Zürich – S. 42;
Verlagsgruppe Random House GmbH, München – S. 42;
VG Bild-Kunst, Bonn 2017 – S. 40, 56, 64, 70;
www.bilderbuch-koeln.de – S. 92;
www.wikimedia.org – S. 12;
www.wikimedia.org / CREACI – S. 48;
www.wikimedia.org / The York Project – S. 35;
Moritz Alexander Würth, München – S. 48;
Zentralverband des Deutschen Handwerks (ZHD), Berlin – S. 36;
Elisabeth Zöller, Der Klassen-King, Carlsen Verlag, Bonnier Media Deutschland Gmbh, München – S. 59.